LE PREMIER SECRÉTAIRE DE LA RÉPUBLIQUE

Cyril Graziani

Le premier secrétaire de la République

Fayard

Couverture : Antoine Du Payrat
Photographie :

ISBN : 978-2-213-67832-0
Dépôt légal : septembre 2016

« Il faut que vous arrêtiez votre livre. On sait ce que vous faites. Si vous le sortez, le président ne vous adressera plus la parole. Et surtout n'oubliez pas où vous travaillez... »

Un conseiller de l'Élysée.

6 mai 2012, place de la Bastille. François Hollande lance à la foule : « J'ai entendu votre volonté de changement. Il nous faudra réparer, rassembler. C'est ce que nous allons faire pendant cinq ans. Je voulais dire ma fierté d'être le président de tous les Français. » Pendant sa campagne, le candidat socialiste avait annoncé le calendrier de son futur quinquennat, qui se scanderait en deux parties : la première, sur deux ans, faite de rigueur et d'efforts, laissera place, en 2014, à une politique redistributive. Serait ainsi contredite la malédiction qui veut que la gauche commence toujours par les cadeaux, avant de basculer dans l'austérité, et soit irrévocablement sanctionnée dans les urnes. Cette fois, le tempo était censé être inversé. L'austérité conduirait au partage.

La sévérité de la crise – qui aurait peut-être pu (dû ?) être anticipée – contraint François Hollande à revoir ses plans. Sans savoir s'il passera un jour véritablement à la seconde phase du quinquennat. Une redistribution ? Quelle redistribution ?

Peut-être fin 2016. Pendant les premières semaines du quinquennat, François Hollande tente d'imprimer un nouveau style, annoncé haut et fort lors de sa campagne : la présidence normale. Le nouveau président prend le train, vit dans son appartement du 15e arrondissement à Paris avec sa compagne, sort faire ses courses, sa voiture s'arrête aux feux rouges. Mais très vite, la réalité de l'exercice du pouvoir balaie ses intentions : le Falcon officiel et l'Airbus « Air Sarko One », rebaptisé « Air Hollande One », remplacent le TGV et les nuits à l'Élysée se font plus fréquentes, voire quasi systématiques.

Comme le prédisait la foudre qui s'est abattue sur son avion le 16 mai, les difficultés commencent très vite à pleuvoir. Le chef de l'État avait promis de renégocier le traité européen, il rentre de Bruxelles avec un accord poussif qui hérisse même le Parti socialiste. Ce n'est que le début. Les premières promesses sont abandonnées : le droit de vote des étrangers… si emblématique, pour n'en citer qu'une. La dernière année du quinquennat s'ouvre par le vote de la déchéance de nationalité pour les Français condamnés pour des actes terroristes et par le débat houleux sur la loi El Khomri, applaudie puis contestée par la droite, honnie par la gauche qui descend même dans la rue contre son propre camp.

Que restera-t-il des années Hollande ? Un bilan économique et social désastreux, même si le président répète à tue-tête : « Ça va mieux », une France affaiblie en Europe, un sentiment persistant d'inaction et de confusion. Pourquoi cette impuissance face au pouvoir ? Amateurisme ? Impréparation ? Et si François Hollande n'était tout simplement pas au niveau de la fonction ? Lors de la campagne des primaires socialistes, puis au cours de la course présidentielle, le candidat socialiste a raconté à qui voulait bien l'entendre qu'il était « prêt » et qu'il s'était longuement préparé à l'exercice du pouvoir, lui qui n'avait vraiment d'expérience qu'au sein du Parti socialiste. « Le changement, c'est maintenant », c'était son slogan de campagne. Mais, depuis le 6 mai 2012, les Français attendent et ne sont pas dupes. François Hollande plonge dans les sondages à un niveau d'impopularité quasiment jamais égalé. « S'il continue à creuser, il va trouver du gaz de schiste », s'en amusent même ses proches.

Les attentats de janvier et novembre 2015 vont, bien malgré lui, l'installer enfin en chef de l'État. Jamais auparavant il n'était réellement parvenu à montrer qu'il en avait l'étoffe. Le voici protecteur, père de la nation, au-dessus des partis. Dans ces circonstances tragiques, il parle juste, haut, fort. Sa voix résonne. Mais comment expliquer que le même François Hollande, transcendé par l'horreur des attentats, peine à agir et à convaincre quand il s'agit de politique nationale ? Les erreurs de communication, les reniements, les arrangements politiciens et autres bourdes, dont il n'est certes pas seul responsable, ont émaillé son mandat.

Est-il pour autant définitivement discrédité ? Les prédictions en politique ne se réalisent quasiment jamais. N'oublions pas qu'un an avant la présidentielle de 2012, Dominique Strauss-Kahn était élu haut la main. Quelques instants dans une chambre d'hôtel en ont voulu autrement. 2017 se profile, mais impossible d'affirmer avec certitude le résultat du scrutin.

Ce qui est sûr, c'est que le président a réussi à se couper de son électorat traditionnel. Les ouvriers ne veulent plus entendre parler de lui, minés, entre autres, par l'affaire Florange ; les syndicats ont perdu confiance, alors même que l'Élysée avait érigé le dialogue social comme l'alpha et l'oméga de sa politique ; les jeunes, priorité originelle du quinquennat, ont été déclassés et oubliés en route. Sur le papier, sa réélection paraît mission possible, mais…

« Quel gâchis », disent en chœur, sans se concerter, tous ceux qui ont cru en lui. Comment le comprendre ? Qui est vraiment François Hollande ? A-t-il menti, caché ce qu'il avait vraiment au fond de lui ? S'est-il menti à lui-même ? Comme tous les hôtes de l'Élysée, François Hollande a été confronté à la difficulté d'exercer le pouvoir, contraint par une technostructure puissante, des élus en résistance, un pays dans un état délabré. Mais cela suffit-il à expliquer cette déception ?

J'ai suivi, jour après jour, François Hollande à l'Élysée, ai mené une dizaine d'entretiens avec lui, mais aussi avec des dizaines d'autres « grands témoins » du quinquennat, ministres, conseillers, hauts fonctionnaires, adversaires politiques. À travers ce récit, je veux raconter l'impuissance du pouvoir, la paralysie qui gagne, comme si l'Élysée, la marche suprême, était l'aboutissement de la course et non son début. Tenter d'élucider l'énigme François Hollande, l'homme qui avait tout pour réussir, mais qui n'y est pas parvenu, et qui déçoit même ceux qui prétendaient « n'attendre rien de lui ». Livrer la chronique de l'intérieur d'un quinquennat qui est allé de (nor)mal en pis.

1

Péchés originels

C'est l'histoire d'« un type qui a des coups de bol monumentaux ». La confidence est signée d'un de ses vieux amis, le communicant Robert Zarader qui, pour étayer ses propos, vous cite une date : 15 mai 2011. Une date à jamais gravée dans l'imaginaire socialiste. Oui, selon Zarader, François Hollande ne serait là que par le fruit du hasard. Sauf que « l'Élysée est un endroit où avoir des coups de chance est impossible », assène-t-il. Car le principe de réalité vous rattrape toujours. D'emblée. Très vite… dès la première année. Pas le temps de se poser.

« Ce qui importe, c'est l'annonce »

Ah, cette première année ! Ils tapent tous dessus, les socialistes, à bras raccourcis. S'ils pouvaient remonter le temps, à l'unisson, ils le feraient. Car ils ont été comme pétrifiés par ce qui leur tombait dessus. Une première année où la gauche au pouvoir a paru presque contemplative. Comme s'ils étaient leurs propres observateurs, incapables de comprendre qu'ils détenaient le pouvoir. Sur le fond. Et sur la forme. À commencer par des annonces. Intempestives, ratées, brouillées. Le début de quinquennat en offre à foison et donne tout crédit aux détracteurs, y compris la presse, y compris la presse de gauche pour taxer le gouvernement d'« amateurisme ».

Un ministre, qui a aujourd'hui quitté ce qu'il appelle en s'amusant le *Titanic*, mais qui ne veut pas trop insulter l'avenir, se souvient d'une anecdote, qui intervient lors d'un des tout premiers Conseils des ministres. Des terrains de l'État doivent être cédés librement. Le président interroge Cécile Duflot : « Pourquoi cela ne va pas plus vite ? » Personne ne bronche et n'ose lui répondre qu'une loi est nécessaire. Un petit papier envoyé par un ministre anonymement passe de main en main et arrive devant lui. « Il faut une loi », peut-on lire. Un autre ministre prend la parole : « Céder des terrains librement serait inconstitutionnel. » Hollande, avec aplomb : « Faisons-le. Ce qui importe, c'est l'annonce. » Cécile Duflot réadaptera le dispositif en renforçant celui de décote qui existe déjà depuis 2005 et qui autorise un préfet à céder un terrain à un prix inférieur à sa valeur lorsqu'il est destiné à la construction de logements sociaux. Cette décote, plafonnée à 35 %, sera relevée.

Marylise Lebranchu, l'ex-ministre de la Décentralisation, résume ainsi ce début de quinquennat : « Hollande a passé son temps à faire des annonces à la con (*sic*). »

La première année, en éternel optimiste, le président se montre très souvent content de lui, c'est sa marque de fabrique. Il ne pense pas avoir fait le mauvais choix, d'abord humain, en choisissant Jean-Marc Ayrault. En revanche, les prises de parole contre-productives agacent François Hollande. « Il y a beaucoup de médias, beaucoup trop de parole, trop de bruit. Il y a des ministres qui parlent et c'est de là que viennent les couacs. Un couac, c'est quand un ministre parle d'un sujet qu'il ne maîtrise pas ou d'un problème qu'il n'a pas bien anticipé, ou qu'il n'a pas maîtrisé au départ l'arbitrage[1]. »

Pourtant, le premier d'entre ses ministres a lui-même gaffé sur l'antenne de France Inter en anticipant la proclamation du Conseil constitutionnel au sujet de la loi sur le logement social en fin d'année 2012. « Il y a eu un cafouillage parlementaire, je le regrette, dit-t-il dans la matinale de Patrick Cohen, à une heure de très grande écoute, mais, en ce qui concerne la cause de cette annulation, vous savez que le Conseil constitutionnel a été saisi sur un

1. Entretien avec l'auteur, 21 février 2013.

problème de forme par l'UMP, et l'UMP a obtenu l'annulation. » Les sages devaient rendre publiquement leur décision quelques heures plus tard. C'est ce qui s'appelle « se faire couper l'herbe sous le pied » du point de vue du Conseil ou « anticiper la prochaine polémique » du point de vue du gouvernement. Dans la Ve République, telle que nous la connaissons, ça n'en reste pas moins une erreur d'appréciation. Jean-Marc Ayrault se fera passer un savon. Pas une franche engueulade, Hollande ne procède pas de la sorte. « Je vois Ayrault et je lui dis : "Tu n'aurais pas dû" », raconte le président, qui avoue, au bout de trois relances, que ce genre de couacs l'agace franchement[1] : « Ça m'énerve parce que je sais que ça va perturber le jeu. »

Mais, en termes d'annonces ratées, le président lui-même sait élever son niveau de jeu pour rattraper ses équipiers. Souvenez-vous. Léonarda, cette gamine rom, interpellée dans un bus scolaire et renvoyée avec sa famille, qui lui en a fait voir des vertes et des pas mûres. « Le problème qu'on a eu était un problème politique et les circonstances pas les plus faciles. Manuel Valls était aux Antilles et moi j'étais en déplacement en Afrique du Sud », raconte le président. La gauche s'émeut, les lycéens commencent à gronder. Le groupe PS à l'Assemblée et le parti s'agitent. Cette affaire remet au cœur

1. Entretien avec l'auteur 21 février 2013.

des débats à gauche la question si sensible de la régularisation des sans-papiers et intervient surtout après une polémique provoquée quelques semaines plus tôt par Manuel Valls sur l'accueil des populations roms. « Je reviens, je découvre cette histoire, le ministre de l'Intérieur n'est plus là, le Premier ministre est un peu bousculé par la majorité. » L'affaire s'emballe. La télévision en fait grand cas. Léonarda est même invitée au journal de France 2.

Le ministre de l'Intérieur revient plus vite que prévu de sa tournée caribéenne. « C'est lui qui fait la proposition en disant : "Faut scolariser cette gamine sur place." » Au Kosovo. Problème : dans ce pays pauvre des Balkans, il n'y a pas d'école française. Valls propose alors de la faire revenir pour la scolariser dans un internat. Tous les protagonistes, Jean-Marc Ayrault, Vincent Peillon, alors ministre de l'Éducation nationale, acceptent. Surtout, une des sœurs de Léonarda, naturalisée française, peut l'accueillir.

« Un secrétaire général de préfecture »

Vient le temps de l'annonce. Qui veut y aller ? Autour de la table, ils se regardent tous en chiens de faïence. Valls se lance. Ayrault refuse. « Pas question, c'est à moi de le faire. » Le ministre de l'Intérieur réagit vivement : « En aucun cas c'est à toi de le faire. » Peillon, lui, reste en retrait. Tous les regards se tournent vers le président, qui comprend très vite que la charge d'annoncer le retour de Léonarda lui revient de fait. Comme une obligation, afin de s'éviter une tempête interne. Ce samedi d'octobre, l'annonce est précipitée, les services de l'Élysée ont réagi à la va-vite. Rien ne se passe comme prévu. Et François Hollande va faire du Docteur François et Mister Hollande. Oui, Léonarda pourra revenir en France : « Si elle le demande, un accueil lui sera réservé, et à elle seule. »

Hystérie du système médiatique moderne. La parole est distribuée à tous les interlocuteurs d'une affaire, quelle que soit leur aptitude. À des milliers de kilomètres de là, à Mitrovica, les micros sont tendus. Léonarda elle-même va pouvoir répondre au président de la République, et elle le défie, souhaitant que toute sa famille rentre en France. Hors de question pour elle de rentrer seule. Cette histoire aurait même pu être, comment dire, plus gênante pour la présidence française. En effet, quelques secondes avant le début du direct, la mère de Léonarda passe devant la caméra et hurle : « Hollande, touche ma chatte. » Miraculeusement, le direct n'avait pas encore débuté. Seule la régie de BFM-TV à Paris et les reporters sur place ont pu assister, incrédules, à cette scène qui serait certainement restée dans les mémoires.

Quelques mois plus tard, François Hollande avoue « ne pas regretter la décision » de lui avoir proposé de revenir. Avec du recul, en revanche, il regrette sa « communication ». « Il aurait mieux valu que le ministre de l'Intérieur fasse lui-même la proposition. » Manuel Valls, justement, n'aura pas de mots assez durs pour qualifier l'intervention présidentielle : « Il a réagi comme un secrétaire général de préfecture. »

« S'il était peintre, on le dirait pointilliste »

La com' n'est pas son fort. Mettre des mots sur son action, pas plus. Pour Marisol Touraine, « s'il était peintre, on le dirait pointilliste. C'est une fois le tableau terminé qu'on verra le résultat ». La ministre regrette d'ailleurs que les politiques sociales initiées par son ministère aient été délaissées. « Le bilan est gigantesque avec l'ouverture de nouveaux droits (retraite à 60 ans pour ceux qui ont démarré tôt, pénibilité...), mais le président ne se saisit pas de ces avancées sociales car il considère qu'elles sont par nature dans l'ADN de la gauche, donc qu'il n'est nullement utile d'en faire la promotion. » Ce sera pire avec Manuel Valls à Matignon.

En attendant, François Hollande excelle plutôt dans le jeu politique. La tactique. Du temps où il était premier secrétaire, c'était un tacticien hors pair, roi des compromis et de la synthèse. Un ex-premier secrétaire à l'Élysée, ça donne parfois un premier secrétaire de la République car, même au sommet de l'État, François Hollande ne perd pas ses réflexes, ses combines, parvient à monter les attelages même les plus compliqués et les plus ardus. Mais la tactique a parfois ses limites. L'erreur originelle reste, pour de nombreux socialistes, le choix du premier Premier ministre. Peut-être le plus grave, parce qu'il n'était pas guidé par la raison, mais par un fort sentiment de repoussoir. Impossible pour lui de travailler vingt-quatre heures sur vingt-quatre avec sa meilleure ennemie, Martine Aubry. La logique aurait pourtant voulu qu'il nomme la vaincue de la primaire à ce poste. « La logique d'un tel scrutin : le gagnant prend le perdant », espérait François Lamy. Il n'y a pas de logique pour Hollande, surtout si elle s'appelle Aubry. Elle avait ficelé le projet, assisté et présidé des dizaines de réunions pour mettre en place la plateforme présidentielle. Elle constatera très vite, de Lille, que tout ou presque a été réduit en cendres et se confiera à des proches : « Hollande a détruit tout ce que nous avions doucement construit. » Même Arnaud Montebourg, qui n'a jamais entretenu de bons rapports avec la maire de Lille, doit l'admettre : « S'il avait nommé Aubry à la place d'Ayrault, le quinquennat aurait pris une autre tournure. »

François Hollande en 2012 possède une majorité à l'Assemblée nationale et au Sénat. Vingt-deux des vingt-trois Régions. Une soixantaine de départements en comptant ceux gérés par les alliés radicaux et communistes. La plupart des grandes villes. François Lamy est amer. Aux côtés de Martine Aubry, il a tenu la maison socialiste, l'a renforcée. Un édifice solide, prêt, il le pensait, à résister à n'importe quelle catastrophe naturelle. Mais les aubrystes vont très vite comprendre qu'ils ne sont pas si bienvenus que cela, en se retrouvant en minorité. Sur les trente-huit ministres du gouvernement Ayrault 1, seuls six d'entre eux avaient appelé à voter Martine Aubry au second tour de la primaire. L'ex-premier secrétaire a réglé ses comptes, son histoire avec la maire de Lille, qui avait des clés, des armes pour gérer le pays. L'ex-numéro 2 du gouvernement Jospin, qui ne le porte pas plus dans son cœur, celle qui, en lui succédant à Solférino en 2008, avait glissé cette petite saillie, comme elle sait si bien faire : « Même les toilettes étaient bouchées et j'ai dû les réparer. » Pour autant, la maire de Lille avait su ravaler, durant la campagne présidentielle, sa rancœur vis-à-vis de Hollande et a bataillé fermement pour le porter au sommet de l'État. Justement, batailler… au sein d'un gouvernement, elle en avait appris les rudiments avec Lionel Jospin et était peut-être la plus à même de gérer ce début de quinquennat et l'alternance.

Le député PS Christian Paul abonde dans ce sens. François Hollande a voulu montrer d'emblée qu'il était le patron et que rien, pas même son propre parti, ne pourrait lui dicter sa conduite. « Le 6 mai 2012, le message transmis, avec du recul, c'est en substance : “Je ne suis lié à rien” », analyse celui qui portera par la suite la casquette de frondeur. Le jour de son élection, il remet les compteurs à zéro. « Avec nostalgie, je peux dire : quelle faute de n'avoir pas nommé Martine Aubry ! Mais la suite a montré que cela n'aurait pas fonctionné. Elle n'aurait pas supporté trois semaines ce qu'Ayrault a accepté en deux ans », poursuit ce dernier. Il y avait pourtant la matière, le matériel. « Tout ça n'a pas franchi le portail de l'Élysée. Ils ont fait ce qu'on avait dit qu'on ne ferait pas. »

Effectivement, il ne pouvait concevoir l'idée de gouverner avec Martine Aubry à ses côtés. Le choix de Jean-Marc Ayrault ? Il a été fait bien en amont de la présidentielle. Il a choisi la fidélité, un homme de confiance avec lequel il a l'habitude de travailler. Avant son accession à la fonction suprême, il en avait fait son conseiller spécial, prélude au rôle qu'il comptait lui faire jouer par la suite. Bien avant 2012, les deux hommes ont scellé leur trajectoire politique. C'était en 1997, l'un devenait premier secrétaire du PS, l'autre président du groupe à l'Assemblée nationale.

Deux postes stratégiques pour deux hommes qui se rêvaient ministre, mais n'accéderont jamais à cette fonction. Ils ont gardé de cette époque, de ce rejet, un lien fort. Au début du quinquennat, François Hollande lui conserve sa confiance. « Je suis content de Jean-Marc Ayrault. Le Premier ministre a été très critiqué. Je le trouve sérieux, loyal, travailleur, il ne cherche rien pour lui-même[1]. » Julien Dray confirme : « Avec Ayrault, il y avait une forme de confiance, il ne fait jamais réellement confiance, mais le Premier ministre de l'époque a accepté de lui arranger les bidons… » Ce que ne fera pas Manuel Valls par la suite…

Et pendant ce temps, les cabinets, composés de jeunes conseillers sans expérience, essuient les plâtres. « On avait du lait au bout du nez, se souvient l'un d'entre eux. Un président de la République et un Premier ministre qui n'ont jamais été ministres ! Le traumatisme du début de quinquennat, c'est le doute sur la présidentialité. » La présidentialité, qui heurte de plein fouet la frontière vie privée-vie publique. Cet ami de très longue date de François Hollande, qui l'a soutenu à tout instant, souhaite garder l'anonymat. Trop peur des conséquences. Pour ce parlementaire, ce qui a péché ? « Le tweet, répond-il instantanément, sans réfléchir. Cent quarante signes signés

1. Entretien avec l'auteur, 23 février 2013.

de sa compagne de l'époque qui viennent percuter l'image que les Français se font de lui. » Pendant toute sa campagne, il a tenté de donner l'image d'un homme « normal », l'homme de synthèse, capable de trancher. Il l'a rabâché en sillonnant le pays. Doucement, cette idée a infusé et a plutôt convaincu les Français. Il réussit progressivement à affirmer son autorité, à effacer l'image d'homme mou, que même ses camarades, et pas qu'en privé, dénonçaient. Mais cent quarante signes ont suffi à laminer son image. « Tout vacille, et ça redevient un faible avec les femmes. » Quand vous devez gérer la négociation avec Angela Merkel, bon courage !

Les cent jours de Fabius : deux volumes concoctés par des bataillons d'experts

Le 18 avril 2012, dans un entretien au quotidien allemand *Handelsblat* François Hollande affirme qu'il bloquera le pacte budgétaire européen cher à l'Allemagne s'il « ne contient pas de mesures de croissance ». Au cours de sa campagne, cette renégociation a été brandie quasiment partout où le candidat socialiste passait. Un étendard. Un mantra. Sur ce point, également, les débuts sont chaotiques. Clairement, le chef de l'État n'obtient pas ce qu'il avait annoncé.

Dès les premières semaines de son quinquennat, le nouveau président négocie avec ses partenaires européens le fameux TSCG, au nom barbare de traité sur la stabilité, la coordination et la gouvernance. Mais, selon le patron de Force ouvrière Jean-Claude Mailly, « force est de constater que le traité budgétaire européen présenté en Conseil des ministres le 19 septembre 2012 et voté au Parlement le 11 octobre est quasiment identique à celui signé par Nicolas Sarkozy et Angela Merkel ». Jean-Marc Ayrault le reconnaîtra fin septembre : « D'un point de vue juridique », le traité européen « n'a pas été renégocié ».

Reste le volet croissance. La fameuse contrepartie. François Hollande réussit, clame-t-il, à arracher et à faire adopter un pacte de croissance européen à ses homologues le 28 juin 2012. Victoire diplomatique de la France, croit-on. À tort. Car, sur les 120 milliards d'euros annoncés, seuls quelque 10 milliards se sont révélés être de l'argent « frais », le reste se présentant sous la forme de réorientation de fonds déjà existants. C'est ce jour-là qu'il a « trahi le Bourget, pense Arnaud Montebourg, quand il est allé faire ses génuflexions à Berlin ».

Un autre haut responsable socialiste, qui, lui aussi, demande la confidentialité, relève plus brutalement non pas un retard à l'allumage, mais une véritable impréparation, jetant même le discrédit sur les fameux cent jours préparés par Laurent Fabius. Un document de travail resté secret. Impossible de le feuilleter, il est mieux gardé que le Graal. Seuls quelques privilégiés, parmi lesquels François Hollande, Jean-Marc Ayrault et Laurent Fabius, disposent d'un exemplaire. « Une blague, une fumisterie du ministre des Affaires étrangères qu'il a dû oublier dans une ambassade », plaisante ce hiérarque du parti, qui pense que les cent jours ne sont qu'« une feuille de papier blanche », voire n'ont jamais existé. Faux. Je les ai tenus dans mes mains et les ai même feuilletés. Ces cent jours sont bien réels. Nom de code : MPA, comme Mission Première Année. Il s'agit de trois gros volumes concoctés par un bataillon d'experts, dans lesquels on trouve les mesures d'urgence comme le décret devant rétablir la retraite à 60 ans pour les personnes ayant commencé à travailler à 18 ans et ayant suffisamment cotisé depuis, des dispositions législatives sur des feuilles vertes : une loi de finances rectificative, une loi de finances de la Sécurité sociale rectificative, un programme pour Bruxelles sur les finances publiques. Plus un calendrier précis et exhaustif. « Mais jamais Hollande et Ayrault n'ont tenu compte de ce rapport, regrette un de ses coauteurs. François Hollande avait confié cette tâche à Laurent Fabius pendant la campagne pour l'occuper et éviter qu'il ne lui cause trop de tort. »

Les deux hommes n'ont jamais entretenu de bons rapports et pourtant celui qui sera nommé ministre des Affaires étrangères joue le jeu et concocte un rapport aux petits oignons. Tout est prévu ou presque. Sauf communiquer dessus donc. Le revers de la médaille, c'est que garder secret ce document alimente le soupçon de l'impréparation et donne du grain à moudre aux mauvaises langues. Claude Bartolone, président de l'Assemblée nationale, juge sévèrement le début du mandat et regrette d'« avoir été pris dans le mensonge total des cent premiers jours ». La session extraordinaire de juillet ? « Il n'y avait rien », renchérit-il. Pourtant, Laurent Fabius répétait à l'excès pendant la campagne que « les parlementaires devaient se préparer à travailler l'été suivant et qu'il n'y aurait pas de vacances »...

« Au bord de la faillite »

« Quand bien même tu n'es pas prêt, poursuit le président de l'Assemblée nationale avec la même amertume, si tu te mets à bosser... » À ses yeux, personne, ou peu de ministres, prend conscience des ennuis qui s'amoncellent et qui sont déjà en stock. Comme d'autres, il juge inadéquate la logique selon laquelle il ne « fallait pas faire peur ». D'autant plus que l'exécutif a en sa possession un document inespéré, réclamé deux jours après son arrivée à Matignon par Jean-Marc Ayrault : le rapport de la Cour des comptes sur l'état des finances publiques. Il faudra attendre des mois pour que le Premier ministre daigne l'évoquer. Lui-même révèle qu'il n'avait pas l'assentiment de François Hollande pour le faire plus tôt. « Il s'y est toujours refusé », regrette-t-il. Une autre ancienne ministre qui a quitté le gouvernement lors du dernier remaniement, Marylise Lebranchu, dresse le même tableau : « L'erreur de 2012, c'est de ne pas avoir dit la vérité aux Français. » Selon elle, François Fillon avait raison. « On est au bord de la faillite, à deux doigts d'être la Grèce, lâche-t-elle, sans exagérer. »

Et, comme beaucoup de ses camarades, François Lamy voit dans l'échec du quinquennat une mauvaise analyse initiale de l'état du pays, pourtant pas rédhibitoire. « Ça se corrigeait très vite en dénonçant le bilan précédent. » Refus, interdiction de la part du Château. Un sacrilège. « Il ne fallait pas taper sur Sarkozy, se rappelle un compagnon de route, mis sur la touche depuis, et qui porte un regard acéré sur les premières semaines. Le choix de ne pas alarmer sur la situation et de ne pas suffisamment prévenir les Français de l'état du pays, c'est par crainte de faire paniquer la finance. » Ce monde de la finance, qu'il avait pourtant dressé au rang d'adversaire. Beaucoup commencent alors à se dire là que le discours du Bourget n'était qu'un leurre…

D'autant plus que Laurent Fabius, chargé de la préparation des cent jours, avait déjà fait un constat fin 2011 sur la situation gravissime dans laquelle était le pays. Marylise Lebranchu se souvient : « Lors du premier Conseil des ministres, Laurent vient me voir : "La situation est encore plus grave que je ne l'avais dit." » La ministre de la Santé Marisol Touraine, elle, regrette l'absence de « ton churchillien », pas de sang ni de larmes, mais elle pense comprendre ce choix de la prudence de la part du président : « Il ne veut pas brusquer, il a peur que ce soit interprété comme une sous-estimation de sa part pendant la campagne. »

François Hollande ne peut en effet s'y résoudre : « Si je dis cela maintenant, on dira que je n'ai pas su entendre les messages », répète-t-il à ses amis qui lui enjoignent de dire la vérité. Jean-Marc Ayrault l'avait pourtant tanné : « Il fallait assumer ce discours dramatisant, j'étais prêt à le faire. » En fidèle paratonnerre qu'il est. Même Emmanuel Macron, nommé secrétaire général adjoint en mai 2012, le concède. « On doit être solidaire de tout quand on est conseiller, mais notre politique n'a pas été assez détaillée. François Hollande explique les moyens mais pas les fins. »

« Quand tu voulais, tu pouvais »

Les débuts tâtonnants, toutefois, ne s'observent pas qu'à l'aune des finances publiques. Pour Benoît Hamon, « les ferments de cet échec se retrouvent aussi dans les premières décisions ». La loi bancaire présentée fin 2012, par exemple. La France est alors à la manœuvre sur la loi bancaire, et peut devenir un aiguillon en Europe. Archétype parfait d'un des premiers capotages. « Déjà, persifle Hamon, une loi si emblématique ne pouvait être confiée à Moscovici. » Promise par François Hollande lors de sa campagne et plus précisément au Bourget. Dans ce discours, présenté par la suite comme la référence à suivre, la ligne de conduite du quinquennat, la tirade qui a le plus marqué les esprits, c'est celle-ci : « Mon véritable adversaire, il n'a pas de nom, de visage, pas de parti, et pourtant il gouverne, c'est le monde de la finance. » Pour illustrer ce propos, le candidat socialiste promettait « une loi sur les banques » qui les obligerait « à séparer leurs activités de crédit de leurs opérations spéculatives ». L'idée de cette réforme, qui voit le jour durant l'été 2012, c'était de mettre le secteur bancaire au service de l'économie réelle. Elle permettait de protéger les clients contre le risques financiers pris par les banques sur les marchés en interdisant à un établissement de cumuler activités de dépôt et de spéculation. Mais la montagne a accouché d'une souris. La loi de séparation bancaire a bien été adoptée mais, soumis à une intense pression du lobby bancaire, Bercy a complètement édulcoré son texte. La loi du 18 juillet 2013 n'oblige les banques à filialiser qu'une part infime de leurs activités de marché. Finalement, seuls 2 % des activités bancaires seraient encadrés. Une pantalonnade passée à peu près inaperçue. « Même la directive Barnier de 2014 [initiée par Michel Barnier, l'ancien ministre UMP, ex-commissaire européen et visant à interdire aux banques, dès 2017, de spéculer pour leur propre compte sur les produits financiers s'échangeant sur les marchés et à obliger les grandes banques, très actives sur les marchés financiers, à cantonner dans une filiale séparée un nombre important d'opérations] demeure plus régulatrice et contraignante que la loi Moscovici », s'étrangle Benoît Hamon.

Très vite, le ton semble donc donné. François Hollande ne mènera à bout que deux lois, dont celle sur l'économie sociale et solidaire de 2014. « Dans nos couloirs de nage, quand tu voulais, tu pouvais », assure pourtant l'ex-ministre de l'Éducation.

« On ne mérite pas de gouverner »

« Il y a 60 millions de sélectionneurs en France », a-t-on coutume de dire en jargon footballistique, pour expliquer que chaque supporter de foot a sa propre sélection de joueurs en tête. Au Parti socialiste, à peu de choses près, il y a autant de commentateurs critiques du quinquennat que d'encartés.

Dans son bureau de l'hôtel de Lassay, avec vue plongeante sur la Seine, Claude Bartolone est convaincu de son diagnostic. Les causes revêtent plusieurs formes. D'abord institutionnelles, en bon président de la Chambre basse qu'il est. « À l'Élysée, ils ont la sensation d'être les maîtres du monde, assène d'entrée Bartolone. Alors qu'ils ont peu de moyens. » Financiers et humains. Difficulté supplémentaire. Elle porte un nom. Quatre voyelles et trois consonnes. Ayrault. « Avec Hollande, ils considèrent que l'Assemblée, c'est des emmerdeurs. » Au début du quinquennat, il en reviendra assez vite, le président voit peu, voire pas les parlementaires. Promesse du « Moi président, je ne recevrai pas les parlementaires », qu'il effacera très vite de ses tablettes. C'était une faute, car il se coupait de sa base. Impossible d'obtenir des remontées de terrain, les observations des députés, indispensables pour tâter le pouls du pays. Une sorte d'antiparlementarisme primaire conjugué à un engagement qui vous lie.

« Un couple infernal, tacle Claude Bartolone, un président et son collaborateur. » Hollande-Ayrault. Sarkozy-Fillon. Même combat. « Très vite, en septembre 2013, je lui dis : “François, il faut que tu changes tout. L’inversion de la courbe ne se fera pas. Vire Ayrault.” » Il ne l’avouera pas, mais il se voit comme le recours. Il lui propose même un calendrier. Il doit se caler sur les élections allemandes, qui ont lieu quelques jours plus tard. Astucieux, car il peut associer une logique de couple franco-allemand. Pernicieux quand on connaît les liens de Jean-Marc Ayrault, ex-prof d’allemand, avec le voisin germanique. L’intérêt de cette tactique, c’est de protéger les maires sortants. « Aux municipales qui se profilent, ils n’auront pas à payer pour le Premier ministre », pense-t-il à l’époque. Mais il le connaît trop bien, son François : « François t’écoute, mais n’entend pas. »

En voilà un autre, mais c’est plus inattendu, qui a été écouté par Hollande mais jamais entendu : Dominique Strauss-Kahn. Début 2012, le candidat socialiste demande à rencontrer en secret celui qui aurait dû être son adversaire à la primaire. Il veut discuter avec lui de la politique économique à mener en cas de victoire. DSK lui intime de rencontrer Merkel tout de suite, ce que fera le président nouvellement élu, en s’envolant à Berlin sitôt la passation de pouvoir terminée. Conscient de pouvoir tirer profit du carnet d’adresses international de l'ex-directeur du FMI, l'ex-premier secrétaire missionne son ancien ennemi au sein du PS et lui demande alors d'aller « sonder les Allemands ». DSK accepte sans ciller de jouer les émissaires de Hollande auprès d'Angela Merkel, qui a toujours refusé de rencontrer le candidat PS durant la campagne, puis de Martin Schulz (SPD), le président du Parlement européen, et du Luxembourgeois Jean-Claude Juncker. Par la suite, une fois à l'Élysée, hormis le déplacement initial à Berlin, jamais François Hollande ne suivra les conseils (avisés ?) de Strauss-Kahn.

« Avec François, impossible de savoir ce qu'il pense », poursuit Barto. Parfois, sans en référer à qui que ce soit, il retient une ou deux idées, qu'il met en pratique quelque temps plus tard. « Tu peux retrouver des éléments que tu as développés », raconte Barto, qui sait qu'en face de lui il a toujours quelqu'un qui se protège, ne fend pas l'armure. Le culte du secret, teinté d'autocentrisme. Comme un autre ancien patron du PS, qu'il a beaucoup côtoyé, Lionel Jospin. Il aime les comparer et surtout les rapprocher. « Ces deux-là, imagine-toi au théâtre. Tu existes à leurs yeux quand tu as la parole, car tu es dans la lumière, ils te voient. Dès que tu n'as plus la parole et que quelqu'un d'autre est éclairé, ils ne te voient plus. » La parole, il l'a et il la garde, Bartolone. *Je ne me tairai plus*. Titre de son livre. Cette ligne de conduite, il se l'est imposée le 21 avril 2002. Il ne se taira plus, y compris s'il doit déplaire. « On ne mérite pas de gouverner », a-t-il lâché, comme par dépit, devant quelques amis socialistes.

« Matignon brûle »

Mais derrière ce diagnostic propre et sans ambages, se cache une forme d'aigreur. Peut-être la rancœur de n'avoir pas su convaincre François Hollande de le nommer à Matignon ? Il était prêt, avait les armes, les réseaux et le cabinet pour mener à bien cette mission. Prêt à prendre le relais. Mieux qu'Ayrault, déjà, pensaient Bartolone et ses proches. Et il ne s'en cache pas, lançant des critiques sur le locataire de Matignon, en se fendant notamment un matin sur France Info d'un : « Au Parlement, on fait avec [Jean-Marc Ayrault] », tellement lourd de sous-entendus. La guerre ou plutôt les guerres sont déclarées. En ces circonstances, les socialistes sont impitoyables entre eux. Pas de quartier. Tous les coups sont permis, même les plus bas.

Septembre 2013, effectivement, le navire prend l'eau de toutes parts et les lignes de front se multiplient pour Jean-Marc Ayrault, obligé de surveiller sa gauche et sa droite. Son autorité est contestée y compris au sein de son propre gouvernement. Il conserve de solides inimitiés avec Arnaud

Montebourg qui, en déplacement, affiche publiquement son ressentiment envers son patron. François Hollande laisse faire, ne dit rien, mais entend tout. Le conseiller politique du président, Aquilino Morelle, fait le forcing pour que le président change de Premier ministre et mette à sa place son ami Manuel Valls. Jean-Marc Ayrault le lui rend bien.

Le ministre de l'Intérieur, lui, ne cache plus sa détestation pour le chef du gouvernement. Un matin de 2013, au petit déjeuner à *L'Esplanade*, un café-restaurant chic bordant l'esplanade des Invalides, à la vue et au su de tous, il se lève brusquement et intime à ses équipes qu'il est temps de partir : « Allez, on va voir le vieux ! » Manuel Valls a rendez-vous avec Jean-Marc Ayrault. Une autre fois, dans un Falcon qui le mène à Aurillac au festival de théâtre de rue. Ce jour-là, un incendie ravage un préfabriqué, tout proche de la rue de Varenne. Au loin, lors du décollage de l'aéroport de Villacoublay, on observe une intense fumée. « Matignon brûle », lance Valls, avec un petit sourire en coin. Il est comme ça. Il ne dissimule plus ses ambitions, quitte à écraser tous ceux qui se dressent sur son passage. Il succédera à Ayrault quelques mois plus tard.

L'entreprise de démolition aura pris un peu de temps, sous le regard presque approbateur du président, qui n'a pas levé le petit doigt pour sauver son Premier ministre. Cruelle politique, qui voit les mêmes équipiers se tirer dans les pattes et François Hollande observer sans bouger ses ministres s'entre-déchirer. Diviser pour mieux régner. Les ministres font comme ils peuvent et, justement, l'autre écueil de ce début de quinquennat, c'est l'équipe gouvernementale. Pour le communicant Robert Zarader, « Hollande se rend vite compte qu'il n'a pas la qualité autour de lui ». Le même poursuit en faisant cette comparaison : « Sarkozy dirait : "Je suis entouré de nuls", le président, lui, a plutôt tendance à dire : "Je fais avec les moyens du bord." » Au gouvernement comme à l'Élysée ?

2

Bienvenue à « Solfélysée »

Son portable vibre dans sa poche. Un léger frémissement perceptible parmi tant d'autres. « Ah, tiens ! un message du président », vous glisse sur le ton de la confidence votre interlocuteur. Un habitué du palais. Évidemment, le journaliste que je suis, un brin curieux, ne peut s'empêcher de lancer un : « Il vous veut quoi ? » « Vous savez qu'il envoie plein de SMS, renchérit-il, même à des journalistes. » Manifestement, l'homme en face de moi tente de changer de sujet et de détourner mon attention de ce message peut-être pas anodin. « Oui, je sais », lui réponds-je d'un air forcé et énigmatique. « Viens me voir. » Enfin, je découvre la teneur du message transmis par le PR (président de la République. En langage élyséen, c'est plus court, c'est explicite et cela fait gagner du temps) à mon rendez-vous. Trois petits mots. De rien du tout. Mais une invitation à laquelle mon interlocuteur se plie instantanément. Un autre peut en témoigner. Chaque jour, Cyrille Eldin suit les hommes et les femmes politiques au plus près dans leurs déplacements. Il s'est fait connaître pour son ironie, parfois déplacée. Présenté à tort comme journaliste, ce comédien de formation sévit sur Canal + et vient de prendre les rênes du Petit Journal. Il est devenu un trublion détesté par les journalistes, car trop souvent complice avec les politiques qu'il humilie, sans que ces derniers ne s'en rendent bien compte. Mais députés, sénateurs, ministres, de gauche comme de droite, l'adorent. Ils pensent que parler à son micro leur donnent une image sympa. Y compris le président de la République qui ne résiste jamais à un bon mot avec Eldin. Cette histoire, ce dernier me l'a confirmée et l'a racontée au tout-Paris. Un samedi, au début du mois d'avril, il traîne non loin de l'Élysée, rue du Faubourg Saint-Honoré. « Tiens, je vais envoyer un SMS à Hollande et lui proposer de passer le voir », annonce-t-il à sa fiancée, histoire de l'impressionner. Un petit SMS de rien du tout. Réponse quelques minutes plus tard du président : « Je vous attends. » Cyrille Eldin n'en croit pas ses yeux et rentre avec son amie dans le palais. Les gardes à l'entrée ont été prévenus par François Hollande lui-même. « On est montés dans son bureau, il nous a accueillis chaleureusement, nous a offert un café. Pendant quarante-cinq minutes, nous avons discuté de tout, se rappelle le comédien. Politique, terrorisme, Macron… Puis, il s'est levé, nous a remerciés et nous sommes repartis comblés. » Grâce à un petit message…

Le SMS ? Le cauchemar des conseillers de l'Élysée. Ils ne comptent plus le nombre de fois où un ministre a envoyé directement un message au président pour infléchir une décision et emporter un arbitrage, au nez et à la barbe des membres du cabinet élyséen. Le SMS ? Peut-être la meilleure invention pour un président tel que François Hollande pour garder le contact avec le monde extérieur. L'Élysée l'a enfermé. Du temps où il était premier secrétaire du Parti socialiste, ses amis comme ses ennemis n'avaient qu'à passer une tête par la porte de son bureau, qu'il a fréquenté des années durant entre 1997 et 2008. « François, je peux te voir ? – Bien sûr, entre, assieds-toi, tu vas bien ? Et ta circonscription ? » Ou, suivant l'interlocuteur : « Et ton canton ? Et ta ville ? » La formule était quasi systématiquement la même. Presque dix ans plus tard, les termes restent identiques, mais le décorum et le cérémonial ont changé. « Au PS, il était facile d'accès, les mecs qui passaient pour le voir entraient limite sans frapper », se souvient son ami Julien Dray, qui constate qu'« aujourd'hui, le SMS permet de garder cette proximité ».

François Hollande n'a pas vraiment changé. Il continue à voir du monde, en secret. Beaucoup de monde. Ah ! si les murs du palais pouvaient parler, ils recèlent tellement de mystères, de confidences… Julien Dray en est un. Un visiteur du soir. Du matin et de l'après-midi aussi. Il n'y a pas d'heure. « Il est resté le même », témoigne celui qui a été son porte-parole du temps où tous deux faisaient les quatre cents coups à Solférino. Puis, il se dédit : « Non, il est devenu plus parano. C'est un angoissé du secret. » François Hollande n'a jamais été disert, a toujours gardé pour lui ses rencontres, ses entrevues. C'est sa manière à lui de se protéger. Sa barrière. Mais, « à l'Élysée, il est devenu encore plus secret, admet Juju, le copain rencontré sous Mitterrand. Il est angoissé par le secret, mais il ne prend pas beaucoup de dispositions pour se protéger. Le secret n'a pas de valeur quand tu vois autant de gens ». Julien Dray a ce côté protecteur, un air attachant, mais aussi la plume acérée, la réplique foudroyante. Mis au ban de la Hollandie, au début du quinquennat – « Valérie Trierweiler y est pour beaucoup » –, il a fait son retour progressivement, en gardant sa liberté de ton. Il est l'un des premiers à avoir relancé le débat sur une éventuelle primaire à gauche. Appuyer là où ça fait mal, Julien Dray sait faire et bien faire. Il raconte deux ans plus tard qu'en sortant de l'émission de BFM-TV où il venait de tenir ces propos il a reçu un SMS signé Hollande. À l'époque, ils étaient en froid, comme cela a dû leur arriver des dizaines de fois en trente ans d'amitié. Il a souri en voyant le message présidentiel. « Je crois qu'il faudrait qu'on se parle assez vite. Viens me voir. » L'histoire lui donnera raison.

« On ne sait jamais par quelle porte il va sortir »

Il use du SMS, mais, de tous les présidents de la Ve République, François Hollande est certainement celui qui use surtout le plus… du cynisme. Il a développé au cours de sa carrière politique une forte propension aux ruses, tromperies et manigances qui ne l'a pas quitté à l'Élysée. Comme le développe le journaliste essayiste Éric Dupin : « Cynique postmoderne dans toute sa splendeur, l'ancien maire de Tulle parvenu à l'Élysée promène sur le monde un regard d'une pénétrante indifférence[1]. » Parallèlement François Hollande n'engueule jamais personne. « Je mets au défi quiconque de s'être pris une soufflante par le président », reconnaît Frédéric Monteil, qui travaille à ses côtés depuis sept ans.

Hollande fait tout de manière insidieuse. Les messages sont percutants, jamais outrageants. Jamais de cris. « Ce n'est pas en hurlant que tu te

1. *La Victoire empoisonnée*, Le Seuil, 2012.

fais entendre », explique ce jeune conseiller élyséen, Corrézien de naissance. Il n'engueule jamais, certes, mais ne sermonne pas pour autant. Ou très peu. Il peut manier l'humour pour se faire entendre. Parfois, une petite blague peut servir à remettre à sa place la personne qu'il a en face de lui. « Vous comprenez très vite qu'il est en train de vous en mettre une », avoue Monteil.

Essayer de se mettre dans la tête de François Hollande relève de l'impossible. « Vous n'arrivez pas à déceler le moindre de ses sentiments », assène son vieil ami, Bernard Poignant, qui l'a souvent pratiqué. C'est son fils Thomas qui définit le mieux la pensée hollandaise : « Il est insaisissable. Quand on est dans une pièce avec lui, on ne sait jamais par quelle porte il va sortir. » Comment travailler à ses côtés, alors ? Comment décrypter les consignes qu'il passe ? C'est vrai, il en aura épuisé, des conseillers. François Hollande a collectionné ceux que la presse a quotidiennement qualifiés de proches, d'entourage, d'« amis »… « Il les insécurise, constate un fin observateur de la vie élyséenne et ami d'un grand nombre de ces conseillers. Un texte peut défaire une situation. Ordres, contrordres et désordre sont leur quotidien », assène la même source.

Insécurisés, donc, ses conseillers ? François Hollande a nommé lui-même la plupart des personnes qui vont le suivre, leur a enjoint de venir à ses côtés. Il est donc le premier responsable de leurs erreurs. Un président chargé des ressources humaines ? Du jamais vu ! Mauvais choix, mauvais management. Le chef de l'État n'a pas un tempérament qui rassure les personnes qui le conseillent. « Il ne laisse entrer personne dans sa tête. Les bons patrons laissent une place de cerveau disponible à leurs collaborateurs », martèle un ex de l'Élysée. Pas le président. Avec ce côté mystérieux et secret, « personne ne peut décrypter le Hollande élémentaire », tranche un vieil ami.

« Qui suis-je ? s'interroge François Hollande. Je suis beaucoup plus autoritaire qu'on ne l'imagine. Je suis dans la décision et pas dans l'indécision. Je ne suis pas moi-même dans l'exhibition, dans le spectacle[1]. » L'homme a toujours eu le sentiment d'avoir été comme ça. « Je montre peu. Je parle beaucoup mais je suis assez secret. Je fais parfois des confidences mais je ne fais pas de livraisons de secret. »

Et c'est peut-être pour cette raison qu'au cours des quatre années à l'Élysée les bourdes ont été légion. Et que les conseillers se sont succédé. De par sa nature, François Hollande est incapable de dicter précisément ce qu'il souhaite voir exécuter, il ne délègue pas, ou très peu. Ce qui peut expliquer parfois les couacs. Pourtant, malgré ce

1. Entretien avec l'auteur, 26 juin 2013.

tempérament mystérieux qui peut embarrasser, voire mettre mal à l'aise, certains sont toujours là. Comme l'insubmersible Claudine Ripert. Chargée de la communication internationale au début du quinquennat, son rôle a peu à peu évolué sans que l'on puisse précisément cerner ses attributions, son champ de compétences. Elle accompagne le président dans tous ses déplacements à l'étranger et gère sa com en dehors de la France, pour le meilleur et parfois pour le pire, comme ce jour où, lors d'un briefing en Arménie, elle veut parler du Sahara occidental et évoque le Sahara oriental. Ou quand, après les attentats de janvier 2015, elle n'hésite pas à vanter la « bonne communication » de l'organisation Daech devant des journalistes éberlués. Elle aussi a souffert, comme ce jour où, en larmes, elle se confie à une de ses collègues : « François ne fait confiance à personne. » Elle le connaît, pourtant. S'il y en a bien une qui a vu évoluer le « président », comme elle l'appelle en public, c'est bien elle. Ex-journaliste, membre de plusieurs cabinets de gauche, elle est une Hollandaise pur jus, du sérail. Elle a rencontré François Hollande sur les bancs de Sciences Po, il y a trente-cinq ans, et l'a rarement perdu de vue.

Mais, même avec des amis anciens, qui l'ont suivi, soutenu, porté à bout de bras, lui ont toujours fait confiance, même avec eux, François Hollande ne peut se résoudre à lâcher du lest, donner un semblant de lui-même. « C'est dur pour eux parce que je ne dis rien, je dis très peu, assène comme une confession le président. Je me livre peu, je me confie peu. » Tout ça tient à un caractère et aussi à un calcul politique, car « se livrer est une faiblesse », pour Hollande. « Toutes les décisions que je prends, je les prends seul avec moi-même, dans un dialogue singulier. » Seul avec lui-même. Julien Dray confirme : « Les derniers à avoir la moindre gratification sont ses amis. » Il en sait quelque chose : « Avec nous, il est froid, très dur, ne fait aucun cadeau. » Faouzi Lamdaoui peut en témoigner. L'ancien « homme à tout faire » de Hollande, quand ce dernier était premier secrétaire, était considéré comme un fidèle, indécrottable, qui a mal vécu de ne pas devenir ministre, frustré de ne devenir en 2012 que conseiller égalité et diversité à l'Élysée. En mars 2014, il m'appelle, me donnant rendez-vous dans un troquet à quelques encablures de l'Élysée : « Tu as l'oreille du président, je sais qu'il répond à tes SMS », me lance d'emblée le conseiller. J'aimerais que tu fasses quelque chose pour moi. » Nous sommes un lundi, Manuel Valls est sur le point d'être nommé Premier ministre et compose son gouvernement. « Envoie un SMS à François et vante mes mérites dans le domaine de la diversité. Tu peux même faire un reportage sur moi. Comme ça, il pourra demander à Valls de me nommer secrétaire d'État à la diversité. » Il ne se rend pas compte que sa demande est invraisemblable. Poliment, je décline la proposition. Quelques jours plus tard, d'autres collègues n'auront pas les mêmes scrupules et publieront un article dithyrambique vantant les qualités de Faouzi Lamdaoui. Peine perdue. Manuel Valls, qui s'en méfie, ne le nommera pas dans son gouvernement. Pire, il sera contraint de démissionner de l'Élysée quelques semaines plus tard, après que la justice a découvert des mouvements de fonds suspects pouvant s'apparenter à de la fraude fiscale et à de l'abus de biens sociaux dans des sociétés dont il était considéré comme le gérant. Son procès, annulé pour une question de procédure, a été renvoyé début 2017. Pas de quartier avec les conseillers mis en cause judiciairement. C'est la doctrine de Hollande.

Les RH, c'est pas son truc

François Hollande ne brille pas par sa gestion des ressources humaines. « C'est un piètre DRH », balance Faouzi Lamdaoui.

Tout récemment, le président s'est distingué. Le chef de l'Élysée, le cuisinier Guillaume Gomez, n'est plus en odeur de sainteté au palais. Cela fait un bail à vrai dire. On se souvient de Nicole Bricq, ministre du Commerce extérieur, qualifiant en mars 2014, à la sortie d'un dîner d'État, sur le perron, le repas de « dégueulasse ». De nombreux convives le certifient. « La table de l'Élysée, pourtant la vitrine de la gastronomie à la française, n'est plus ce qu'elle était. » Ces nombreuses critiques reviennent aux oreilles de François Hollande qui en convient. « Guillaume Gomez doit partir. » Mais il demande que tout se fasse « humainement ». En politique, il n'a pas les mêmes égards.

Début 2016, il charge son directeur de cabinet Thierry Lataste de cette besogne. « Il faut y aller mollo, prenez le temps. »

Lataste s'exécute, prend à part le chef cuisinier, lui fait part des critiques sur la lourdeur des plats et surtout sur le service à la française. Pour ce type de service, chaque invité a une assiette vide sur la table, les différents mets sont dressés sur d'immenses plats. Une pince est disposée, manches orientés vers les convives qui se servent eux-mêmes.

Gomez entend bien la critique mais il lui est impossible de faire autrement. À savoir un service à l'assiette car il ne dispose pas d'un espace suffisant pour maintenir au chaud toutes les assiettes, *a fortiori* dans les dîners d'État, où se retrouvent parfois plusieurs centaines d'invités. « Pour cinquante assiettes, nous avons la place, mais pas pour plus », lui concède le chef. Thierry Lataste, bonne pâte, lui promet de mettre très rapidement à sa disposition l'espace nécessaire.

Quelques jours après un nouveau dîner d'État, qui s'est déroulé à la française, de nouveau Thierry Lataste convoque Guillaume Gomez. « Ça n'allait toujours pas, Guillaume. » Le chef cuisinier se montre étonné. « Ah bon, le président pourtant est venu me voir en cuisine pour me féliciter du dîner. Il ne m'a jamais fait autant de compliments. » Du Hollande pur jus, qui même pour se débarrasser de son cuisinier, ménage la chèvre et le chou pour rester dans la métaphore culinaire.

Cependant, l'espace promis par Lataste est aménagé. Le service à l'assiette (pour cinquante convives maximum) prend ses quartiers à l'Élysée. Les premiers retours sont excellents, les intéressés constatent un sérieux progrès. Puis patatras, trois semaines plus tard, Guillaume Gomez repasse au service à la française. Thierry Lataste s'interroge, va questionner à nouveau le chef. « Pourquoi avoir abandonné le service à l'assiette ? C'était beaucoup mieux », le questionne le directeur de cabinet.

La réponse de Gomez est franche et tranche net. « Le président de la République me l'a demandé. » Il se murmure que le chef cuisinier a très mal vécu ces atermoiements et ces petites humiliations. Il a décidé de représailles gastronomiques début mai. Les journalistes de France Culture conviés à la table du président n'ont pas pipé mot quand en dessert, ils se sont vu servir « un flan et ses fraises des bois ». Personne n'a moufté mais tout le monde s'est rappelé les petits sobriquets que François Hollande avait reçus de la part de camarades socialistes, du temps où il n'était pas encore président. « Flanby » et « Fraise des bois ».

Les ressources humaines et la gestion du palais, ce n'est pas trop son truc, on l'a compris. Il a donc confié cette tâche à son directeur de cabinet. Sylvie Hubac a été la première en 2012. En interne, elle n'a jamais fait l'unanimité, en témoigne son surnom ravageur, « Hubac… au rattrapage ». Hubac a longtemps été considérée comme l'une des plus fidèles de François Hollande, qui disait d'elle : « C'est la seule qui, dans les dîners en ville, ne dit jamais de mal de moi. » De quelle promo de l'ENA est-elle diplômée ? Voltaire, évidemment. D'une main de fer, elle a géré le palais jusqu'à la fin de l'année 2014 et a gardé la haute main sur toutes les réformes institutionnelles initiées par l'Élysée, sans jamais trop s'intéresser ou au moins faire mine de s'intéresser aux questions politiques. C'est là que le bât a blessé. En marge d'un déplacement à Drancy, assise au premier rang, elle questionne sa voisine : « Mais qui est l'homme qui passe devant nous ? – C'est Bruno Le Roux, le patron des députés socialistes à l'Assemblée » (et un des plus anciens lieutenants de François Hollande), lui répond la députée, interloquée. Quelques semaines plus tard, en réunion de cabinet, est évoqué le positionnement du groupe SRC. « Mais qu'est-ce que le groupe SRC[1] ? » interroge la directrice de cabinet. Un membre, gêné : « C'est la majorité présidentielle, madame. »

Les codes politiques, très peu pour elle. Surprise, par exemple, lors du Conseil des ministres du 11 septembre 2013. Pierre-René Lemas souffre de coliques néphrétiques. Sylvie Hubac, qui n'entretient pas des rapports discourtois, mais plutôt éloignés, décide de s'installer dans le bureau du secrétaire général pendant sa convalescence. Elle assiste même au Conseil, alors que son rang, sa place dans l'organigramme ne l'y autorisent pas institutionnellement. Pas très au fait des us et coutumes politiques, donc, de la politicaillerie, peu connue du grand public, Sylvie Hubac a pourtant récupéré la présidence tant convoitée du Grand Palais. « Elle n'était même pas candidate, elle visait plutôt le Conseil constitutionnel », raconte un de ses détracteurs les plus vifs, qui a fréquenté pendant des mois les mêmes réunions de cabinet. Mais François Hollande l'aimait bien. Pour cause, elle ne s'intéressait pas à la politique, son champ exclusif, à lui, de compétences, elle s'occupait simplement de gérer les mille personnes qui travaillent

1. « Groupe socialiste, républicain et citoyen » à l'Assemblée qui deviendra en mai 2016 le « groupe socialiste, écologiste et républicain ».

à l'Élysée au service de l'agenda du président. Pour le meilleur et parfois pour le pire, comme ce communiqué annonçant, en plein été 2013, certes, l'ordre du jour du Conseil : « Néant ».

À son crédit, donc au crédit du président, la gestion réussie du double chantier mémoriel, le centenaire du début de la Grande Guerre et les soixante-dix ans du débarquement, avec tout le gratin mondial sur les plages de Normandie.

« C'est une éponge »

Avec les autres, ceux que l'on ne pourrait pas classer parmi ses « amis », il n'est pas plus tendre. Pierre-René Lemas en a fait les frais, même s'il n'ose pas trop l'avouer. Jovial, toujours un sourire, les cheveux poivre et sel, une cigarette Camel au bec et toujours la même politesse : « Cela ne vous dérange pas si je fume devant vous ? » Il a laissé un bon souvenir au palais. Pour permettre à Jean-Pierre Jouyet de récupérer le poste et avoir son ami de trente-cinq ans à ses côtés, François Hollande a trouvé un placard doré à PRL : la Caisse des dépôts et consignations. Dans ce bureau gigantesque avec vue plongeante sur la Seine, il reçoit ses hôtes, dans des locaux propres comme un sou neuf. Pas de fioritures dans la décoration. « Je n'ai pas de photo de ma femme et de mes enfants », mais il se plaît à rappeler que celle, officielle, de François Hollande, c'est lui qui l'a fait mettre. « Mon prédécesseur avait oublié. » Son prédécesseur qui n'est autre que Jean-Pierre Jouyet. Il éclate de rire.

Pierre-René Lemas, lui aussi énarque de la promo Voltaire, grand préfet de gauche (c'est ce que l'on dit de lui), a officié en Lorraine et surtout en Corse, et il est encore un des seuls spécialistes du dossier insulaire. Après avoir dirigé le cabinet de Jean-Pierre Bel au Sénat, il débarque à l'Élysée mi-mai 2012. « Je ne suis pas ami intime de François, nous avions repris contact un an avant la présidentielle. » Le 6 mai 2012, la gauche emporte l'élection suprême. Lui, sent bien que le président fraîchement élu manigance quelque chose. « Il ne m'a jamais demandé formellement de devenir secrétaire général, il me l'a fait comprendre. » Deux ans à ses côtés. Il ne fuit aucune question. Seuls deux sujets le laissent laconique. Un tweet et un communiqué de séparation à l'AFP. Lemas se souviendra longtemps du tweet ravageur de Valérie Trierweiler, alors qu'il n'était au palais que depuis quelques semaines. C'est lui qui a apporté la fameuse dépêche AFP au président. Un préfet chargé de gérer la compagne en furie du président, il aurait pu souhaiter meilleur début. Quelques semaines avant son départ, c'est de celui de l'ex-première dame dont il va devoir s'occuper. « Un cauchemar. » La petite blague qui circule entre socialistes depuis cet événement : des cours magistraux à l'ENA pour aider les préfets à surmonter ces situations de crise conjugale. Il ne connaissait pas François Hollande, il ne le connaît pas plus en quittant le palais.

Le président a une manière bien à lui de travailler. Il exclut, de fait, tous ses collaborateurs de ses décisions, ne leur donne qu'une portion congrue. En outre, il travaille à l'ancienne. Un conseiller va jusqu'à dire que « François Hollande est à la tête d'une multinationale, mais il travaille... comme un artisan ». À l'écrit spécifiquement. Plume en main. Peu de mails. Sur son bureau, un ordinateur a été ajouté, mais il ne sert guère. Il multiplie les tête-à-tête, soit en conviant ses hôtes à s'asseoir sur les fauteuils à gauche de l'entrée de son bureau, soit à la table de travail au fond. Il écoute beaucoup, ne se confie pas. Et puis, surtout, il absorbe des dizaines et des dizaines de notes d'information qui proviennent de partout. Ministres, amis, conseillers de l'Élysée, souvent chapeautés par le secrétaire général. Des notes qui sont commandées par le président, et parfois des propositions. Il n'y a jamais de retour effectif, rarement des discussions ou des débats pour approfondir les suggestions. En haut de page, juste un « Vu » ou un « OK ». « Il s'imprègne sans forcément réagir sur le coup. C'est une éponge », rapporte Frédéric Monteil.

Une éponge « pressivore ». Il lit toute la presse sans exception, est accro aux dépêches de l'Agence France-Presse, qu'il peut consulter sur son téléphone, écoute la radio, parfois même, comme me l'a raconté Valérie Trierweiler, « une radio dans chaque oreille ». Les journalistes, il en connaît beaucoup, en tutoie un certain nombre, qu'il a connus du temps où il était premier secrétaire, alors qu'il était l'une des principales sources des journalistes politiques chargés de la couverture de Solférino. Des journalistes, il en reçoit à foison à l'Élysée, distillant confidences sur confidences, parfois, voire souvent, les mêmes. Les livres sur lui se succèdent et les confessions du président se révèlent souvent identiques d'un ouvrage à l'autre. D'une part, il se confie, mais d'autre part il se contrôle.

Cette relation avec ses « amis » journalistes, il a tenté au départ de la conserver, en les faisant monter dans son avion, en validant quasi systématiquement la liste de ses invités médiatiques. Il donne quelques petites informations, mais en échange, il essaie lui aussi d'en obtenir. Quand il me reçoit, toujours à peu près la même question : « Alors, comment ça se passe à France Inter ? »

Il est donc au courant de tout, veut être au courant de tout, dans la vie des médias, dans celle de son parti, dans les nominations, y compris les investitures aux élections, lui qui pourtant avait clamé : « Moi président, je ne serai pas le chef de la majorité. » Il ne peut pas s'en empêcher. Il connaît toutes les circonscriptions sur le bout des doigts, souvenir du temps où il sillonnait en long, en large et en travers le pays comme patron du PS. De la carte électorale, rien ne lui échappe. « Il peut réciter la plupart des villes de ma circonscription », reconnaît, bluffé, un élu rural. Il avait annoncé qu'il refusait de s'occuper de tout, une manière pour lui de se démarquer de son prédécesseur, Nicolas Sarkozy, expert en la matière, mais son tempérament, son goût de la tambouille politique, son art de la synthèse l'y contraignent et le guident. C'est quasiment compulsif.

« Jean-Pierre ne sera pas secrétaire général de l'Élysée »

Le pouvoir ne l'aurait pas changé. « Il ne serait plus au pouvoir, il redeviendrait comme il était initialement », jure Julien Dray. À l'Élysée, il ne s'est pas attaché aux attributs du pouvoir présidentiel, il conserve juste cette même appétence pour la politique. Pour autant, il ne cache pas sa fierté d'être parvenu au sommet. « Après tout, j'ai réussi ma vie, j'ai été président de la République », confie parfois François Hollande en privé. Sans pour autant verser dans la complaisance, il a une grande estime de lui-même et de sa carrière politique. Certains de ses amis avouent d'ailleurs parfois qu'il tombe facilement dans « un excès de supériorité ». Surtout en matière fiscale, lui, l'ancien de la Cour des comptes. Dans ce domaine, comme dans tant d'autres, il n'a confiance qu'en son expertise. « S'il est devenu président, c'est qu'il est le meilleur », le défend Frédéric Monteil.

Paradoxalement, il a tout de même besoin de s'entourer de personnes qui le rassurent. C'est le cas du deuxième secrétaire général de l'Élysée. L'ami de trente-cinq ans. Jean-Pierre Jouyet. Certaines mauvaises langues racontent qu'il a fait venir un « doudou » à l'Élysée. « Les enfants ont leur peluche, dont la fonction première est de les rassurer. François Hollande, lui, a fait installer à ses côtés son compagnon de chambrée, à l'armée, à l'ENA. » Le président avait besoin de son ami à ses côtés. Pourtant, le candidat à la primaire jurait le contraire. À quelques jours du premier tour de la primaire, le député de Corrèze et Martine Aubry s'étaient prêtés au petit jeu des promesses électorales[1]. Instructif. Tous deux promettaient qu'il n'y aurait pas de recyclage des sarkozystes. « Jean-Pierre ne sera pas secrétaire général de l'Élysée », affirmait alors Hollande.

1. *JDD*, 2 octobre 2011.

Le secrétaire général de l'Élysée est lui aussi issu de la promotion Voltaire mais, à la différence de nombreux autres, il a été mis au ban de la Hollandie pendant quelques années. Sa faute ? Un passage comme ministre d'ouverture dans le premier gouvernement Fillon en 2007-2008. À l'époque, il devient secrétaire d'État chargé des Affaires européennes. Trahison impardonnable pour François Hollande, qui ne lui adressera plus la parole pendant tout ce temps. « Jouyet n'était pas dans la vie politique. En allant chez Sarkozy, il faisait un acte qui n'était pas répréhensible sur le plan politique. Il n'était pas au PS. C'était un acte par rapport à notre amitié qui n'était pas compréhensible et acceptable. Ce qui fait d'ailleurs qu'il n'a pas prolongé », lâche le président.

Et pourtant, il a pardonné. « Je reconnaissais qu'il servait son pays. Il s'en est vite rendu compte et ensuite nous sommes redevenus amis. Pendant toute cette période dans le gouvernement Fillon, nous ne l'étions plus. Cela me rendait triste parce que je l'aime beaucoup. On avait compris que ce n'était pas possible de passer, comme ça, du côté de la droite, de Nicolas Sarkozy en l'occurrence, alors que moi j'étais le premier secrétaire du PS, et avant les législatives. Il n'a pas perçu la portée de son acte ni mesuré le mal qu'il pouvait me faire. Je ne lui en voulais pas de le faire, comme politique. C'est de sa responsabilité de citoyen, mais c'est par rapport à un ami que c'était gênant. Il s'éloignait par les fonctions qu'il occupait. »

Et du mal, politique cette fois, Jean-Pierre Jouyet va en faire à son ami devenu président. Il n'a jamais coupé les ponts avec François Fillon. Et il va le payer cher médiatiquement. Le 24 juin 2014, l'ancien Premier ministre et son ancien ministre déjeunent ensemble, comme ils ont pris l'habitude de le faire de manière épisodique. Quelques mois plus tard, le secrétaire général de l'Élysée confirme à deux journalistes du *Monde* qu'au cours de ce repas Fillon lui aurait demandé de « taper vite » sur Nicolas Sarkozy. Décryptage : accélérer les procédures judiciaires à l'encontre de l'ex-président et donc entraver son retour en politique. Une aubaine pour Jouyet, qui crie au complot politique.

Poursuivi en diffamation par le député Les Républicains, Jouyet est finalement relaxé mais cette affaire a laissé des traces au palais. Il a décidé tout bonnement de ne plus parler aux journalistes et certains conseillers ont été chargés de le cornaquer, de le surveiller. On n'est jamais trop prudent. Reste que Jouyet est un gaffeur récidiviste : il avait déjà annoncé lui-même la nomination de Jean-Marc Ayrault à Matignon quelques heures avant l'officialisation en mai et le fait qu'il allait devenir président de la Banque publique d'investissement. À ce titre, il avait estimé sur Europe 1 le 19 octobre

2012 que la BPI « aura vocation à maintenir l'activité et non pas à aider les canards boiteux ». Il répondait à une question simple : La BPI va-t-elle devoir sauver Florange ? À l'époque le dossier est sensible, le propriétaire du site, Arcelor Mittal, a annoncé quelques semaines plus tôt la fermeture des deux hauts-fourneaux de l'usine. Sur place, le climat est nauséabond et il n'en faudrait pas plus pour exacerber la colère des ouvriers, emmenés par l'emblématique Édouard Martin. Gêné aux entournures, le mot est faible, François Hollande est obligé de corriger son ami : « Florange fait partie d'Arcelor Mittal et, à ma connaissance, Arcelor Mittal n'est pas un canard boiteux. »

Jean-Pierre Jouyet est un blagueur invétéré, ou « un gaffeur intempestif », corrigent avec perfidie ses détracteurs au palais. À quelques heures du dîner d'État offert en l'honneur de Raúl Castro, dont c'est la première visite en France, François Hollande, qui supervise comme à chaque fois toutes les listes d'invités, constate un manque de femmes. Il charge Jean-Pierre Jouyet de trouver des invitées, lui lançant en guise de blague : « Pourquoi pas les filles Sauvage ». Le secrétaire général de l'Élysée le prend pour argent comptant, s'exécute et prévient le service du protocole qu'il souhaite inviter les trois filles de Jacqueline Sauvage – cette mère de famille battue pendant quarante-sept ans par son mari, condamnée par deux fois à dix ans de prison, mais qui a bénéficié d'un recours gracieux du président – et ses avocates au dîner. Les agents du protocole s'inquiètent de savoir s'il faut inviter les personnalités du comité de soutien comme Éva Darlan et Anny Duperey. Réponse du secrétariat général de l'Élysée : Oui. En tout, ça fait six invitées de plus. En début d'après-midi, François Hollande se plonge à nouveau dans la liste des invités et constate les nouveaux noms. Furieux, il sermonne Jouyet, lui expliquant qu'il n'était pas sérieux en proposant les filles Sauvage. Rétropédalage du secrétaire général obligé de rappeler les services du protocole et de garder une certaine dignité. « Vous aviez bien compris que c'était une blague », lance-t-il à ces fonctionnaires surexpérimentés, diplomates pour la plupart, enrôlés à l'Élysée depuis des décennies et qui avaient juste suivi les ordres de leur hiérarchie. Il a fallu désinviter les filles Sauvage, les avocates et les people. Véritable embarras à l'Élysée.

Il n'y aura pas de conséquences, à vrai dire. Car, outre le fait que c'est un « Voltairien » (ancien de la promo Voltaire), quasi intouchable donc, il a remis de l'huile dans les rouages de la machine élyséenne, si facilement grippable. Il connaît l'appareil d'État sur le bout des doigts. Julien Dray vole à son secours et loue en outre le côté désintéressé de Jouyet : « Dans le fonctionnement de l'Élysée, il détonne, car c'est un mec qui se sacrifie. Il pense d'abord aux autres. » Une vertu rare en politique. Il trouve grâce aux yeux de François Hollande, qui n'a pourtant confiance en personne. Avant son arrivée, la paranoïa du président était exacerbée. « Il se méfiait de tout le monde », se souvient l'un de ses amis. La venue de Jouyet à ses côtés l'a apaisé. Un « doudou », disions-nous. On le dit depuis quelques mois « très fatigué ». Mais Jean-Pierre Jouyet n'envisage pas la tentation de Venise. Il aimerait rester aux côtés de son ami, en première ligne, mais plus au poste de secrétaire général.

« Ils sont juste là pour porter les chaises »

À la direction de la com, Christian Gravel fait partie de ceux qui n'ont jamais réussi à entrer dans la tête de François Hollande. Il a pourtant tenté de le faire. Comprendre comment marchait la mécanique intellectuelle du nouveau président. Muscles saillants, sourire toujours impeccable. Chemises cintrées et fidélité à Manuel Valls. Les proches de Hollande ont failli s'étouffer à sa nomination. Un vallsiste à l'Élysée. Valls et Gravel, le tandem s'est formé avant l'an 2000, lorsque tous deux travaillaient au cabinet de Lionel Jospin. Manuel Valls à la communication, Christian Gravel à ses côtés. Ils se sont suivis à Évry, ville dont le Premier ministre a été le député-maire. Christian Gravel a découvert la personnalité du président : secret, méfiant, n'ayant confiance en personne à part en lui-même, n'hésitant pas à les humilier, lui et Claudine Ripert. Deux personnes quasiment au même poste, ça fait des étincelles et ça n'est pas pour déplaire au président de la République. Il les a nommés en sachant pertinemment qu'il y aurait des frictions. Humiliation le jour où, lors d'une réunion, un ami du président s'inquiète de ne pas voir son staff de communication. Réponse cinglante : « Ils sont juste là pour porter les chaises. »

Peu à peu, Christian Gravel s'est perdu et a perdu de sa superbe. Il n'a jamais réussi à imposer sa griffe. Face à un président qui répond directement aux SMS des journalistes, les abreuve d'informations, un communicant ne peut trouver sa place. Il n'a aucun espace à lui.

Il quitte le Château, traverse la Seine et atterrit au SIG, le Service d'information du gouvernement, un organisme directement sous la tutelle de… Matignon. Un retour aux sources et un poste stratégique et politique, puisque le directeur du SIG doit gérer au quotidien la communication ministérielle, la diffusion des éléments de langage et compiler des centaines d'enquêtes d'opinion pour alimenter l'exécutif en notes sur ce que veulent et pensent les Français. Sa nomination comme préfet hors cadre n'a pas été du goût de tout le monde. On a vu là le fait du prince. Il a fait des jaloux, notamment à l'Élysée. « Au moins, Valls pense à placer ses amis avant l'alternance, c'est pas le cas de tout le monde. » Suivez mon regard.

Le « changement », la « révolution », intervient grâce à un homme. Le sauveur de la com. Ses cheveux ébouriffés, on les voit partout sur les images. Gaspard Gantzer : la com, c'est lui. Ou presque. Énarque, issu de la promotion Sédar Senghor, comme Emmanuel Macron. Passé par la mairie de Paris, puis, après le cabinet du ministre des Affaires étrangères Laurent Fabius et quelques semaines à celui de Stéphane Le Foll, il atterrit au palais. Premier jour, première polémique. Très à l'aise sur les réseaux sociaux, il continue d'alimenter sa page Facebook. Mais trop de communication peut nuire et jouer des tours. Pour preuve un cliché le montrant ce qui semble être un joint à la main refait surface sur le Net. Interrogé à ce sujet par Europe 1 le jeudi 24 avril 2014, Gaspard Gantzer a avoué ne pas savoir ce qu'il a fumé ce jour-là… Mais, contrairement à Gravel, lui, sait y faire avec le président, il a su se montrer indispensable, car il le rassure, « le brosse dans le sens du poil », observe-t-on au palais, avec un brin de jalousie de voir le Père phagocyté par un inconnu entré en Hollandie sur le tard. Après « doudou Jouyet », il y a, persifle un membre du cabinet de l'Élysée, « chouchou », en la personne de Gaspard Gantzer.

Gaspard est sympa, avenant, il vous rappelle en permanence (alors qu'il reçoit de cent-cinquante à deux cents SMS de journalistes par jour), a toujours un bon mot. Les journalistes de la presse diplomatique au Quai parlent de lui comme d'un bon vivant et se souviennent de « déjeuners très sympas, où l'on déconnait, mais on ne venait pas pour chercher des infos. Dès qu'on le quittait, on allait voir Clara Paul-Zamour, la brillante attachée de presse de Fabius [qui, après deux ans au cabinet de Bernard Cazeneuve à Beauvau, vient de rejoindre le staff d'Anne Hidalgo à la Mairie], qui nous abreuvait. Lui, jamais rien. D'ailleurs on ne lui demandait rien. »

Le troisième larron, « toutou », n'est autre que Vincent Feltesse, un autre conseiller chargé de faire l'interface avec les élus. « C'est un peu le Attali de Hollande sans le talent », persifle un ennemi du PS. L'ancien candidat à la mairie de Bordeaux organise pour le président des apéros à l'Élysée avec députés, sénateurs, maires socialistes et alliés pour qu'il puisse entendre les messages du terrain. Mais pas que. Il se charge aussi des basses œuvres pour tenter de faire rentrer dans le rang certains impétrants. Comme le 21 janvier dernier où il demande en urgence à voir Cécile Duflot, au café *La Potinière* près de l'église Saint-Augustin pour lui annoncer la création d'un nouveau parti écolo, censé affaiblir Europe Écologie-Les Verts.

À l'Élysée, Vincent Feltesse ne fait pas des émules non plus. Surtout depuis qu'il a avoué que pour gagner un peu d'argent, il a été nègre pour une maison d'édition. Et parmi les livres qu'il prétend avoir écrits, il y a notamment *De la brousse à la jungle*, signé du général Bigeard[1]. « J'ai gagné pas mal d'argent avec cela. »

Un communicant, ça communique

Mais revenons-en à la communication et à Gaspard Gantzer. Des travers surgissent, ses travers. Un communicant doit rester dans l'ombre. C'est la règle. Plus qu'une règle, c'est un dogme. « Un communicant, c'est fait pour communiquer, comme son nom l'indique », assène un membre éminent du cabinet, pas franchement son pote. Le maître en la matière restera à jamais l'ex-communicant de Nicolas Sarkozy, Franck Louvrier, dont la maîtrise, la compétence et la rigueur sont louées y compris à

1. *Sud-Ouest*, 27 juin 2013.

gauche. Et pourtant, Gaspard va tout faire voler en éclats. Il n'hésite pas à se mettre en avant, se prend en photo, tweete qu'il accompagne le président. Par exemple ce tweet lors d'un déplacement dans le Sud-Ouest : « À Cahors, avec le président de la République. » Jacques Pilhan, priez pour eux. Sa volonté d'être dans la lumière lui vaut des reproches de plus en plus poussés. Le principal défaut de Ségolène Royal ? « C'est son compagnon », avait lâché Arnaud Montebourg en pleine campagne pour la présidentielle 2007. Et si le plus gros défaut de François Hollande en 2016, c'était son communicant ? « Oui, répondent en chœur une partie des Hollandais historiques et une partie des conseillers du palais qui ne reconnaissent pas leur président, lui pourtant si méfiant envers les communicants », et qui, selon eux, se fourvoie en écoutant les conseils de Gaspard Gantzer.

Ils ont référencé tous ses couacs de com. Le « Lucette-gate », du nom de cette militante de Vandœuvre-lès-Nancy qui avait accueilli dans son salon pour une pause café le président et tout son staff. Une manip car elle avait été briefée au préalable, l'Élysée lui avait dicté les questions, ce qu'elle devait dire et avait presque refait la décoration de son salon. Il y a aussi eu ce tweet de Gantzer vantant, en plein milieu de l'assaut par le RAID de l'appartement de Saint-Denis, juste après les attentats de novembre 2013, les résultats d'un sondage d'opinion positif pour le président. Tweet effacé quasi immédiatement. Les journalistes sont mal à l'aise quand ce dernier retweete – son terrain de jeu préféré – des papiers plutôt favorables au président. Ces erreurs qui, en un autre temps, seraient passées inaperçues, sont amplifiées par l'omniprésence au palais du conseiller, mis au jour dans le documentaire d'Yves Jeuland *Un temps de président*. Le discours et l'action politique passent au second plan et le président n'est qu'un personnage secondaire. « La politique, ce n'est pas *Secret Story*, ce n'est pas un spectacle », fulmine un vieil ami, compagnon de route, dont les références restent le film de Serge Moati sur Mitterrand dans les années 1980.

La méthode Gantzer en hérisse plus d'un. Une partie du cabinet n'est pas en guerre ouverte avec lui, mais presque. Il y a peu, il s'est même vu reprocher en réunion de cabinet de n'abreuver d'informations qu'Europe 1 et *Le Figaro*, pas vraiment des médias « amis ». Ces fidèles du président tentent de reprendre le contrôle en expliquant à François qu'avant de faire de la com « il faut faire de la politique et que la com est là pour accompagner la politique, pas l'inverse ». Un autre explose : « Montrer une réunion de collaborateurs n'aide pas à faire voter pour vous », dénonce-t-il, toujours anonymement, de peur de s'attirer les foudres de « chouchou ». Le magazine *Society*, plutôt classé bobo, l'émission d'infotainment de Canal +, *Le Supplément*... François Hollande va partout. Il est présent sur les réseaux sociaux. « Ils l'ont mis sur Snapchat, Instagram, et même sur Vine [une application avec des vidéos de six secondes]. Tu en fais passer, des messages politiques, en six secondes ? s'énerve le même. Et pourquoi pas Tinder [un chat de rencontres] ? » Une langue étrangère pour une génération qui, en termes d'infos, s'est arrêtée à un format où il y a les deux journaux télévisés de 20 heures, la presse du matin et du soir. L'avènement des chaînes d'info en continu ? Pour François Hollande, « l'existence de ces chaînes, c'est un progrès mais ça crée une pression quasi permanente. Une information chasse l'autre. Les journaux sont dans la compétition, dans l'instantanéité ». Bon diagnostic, mais pas sûr qu'il comprenne l'évolution médiatique. Pas grand monde ne la comprend, à sa décharge.

Récemment, l'entourage du président a expérimenté d'autres outils de communication 2.0 tels que l'application Périscope. L'Élysée a décidé de filmer un échange entre le président et des salariés du site Showroomprivé. Sur cette application, les membres peuvent librement adresser leurs commentaires. Et, comme on peut l'imaginer, certains s'en sont donné à cœur joie. Sans filtres, ça donne

« Ça va mon flanby ? », « Wesh Hollande », pour les plus respectueux… Très vite, ces commentaires laissent place à des insultes. Gaspard Gantzer doit se justifier : « Comme souvent sur les réseaux sociaux, il y a de tout, des commentaires négatifs et positifs, des propos pertinents et d'autres hors sujet. Mais cela permet de varier les modes de dialogue et de discussion avec les citoyens en dehors des médias classiques. »

La révolution numérique à l'Élysée, Gaspard Gantzer y croit. Et il croit surtout en sa bonne étoile. Un jour, il sera ministre. Gantzer a d'ailleurs fait des pieds et des mains pour le devenir. Il a mené un intense lobbying en coulisses au mois de janvier 2016 pour récupérer le portefeuille du Numérique ou de la Jeunesse et celui, plus délicat, de porte-parole du gouvernement. Peine perdue, François Hollande ne l'a jamais envisagé, il veut Gaspard auprès de lui. Le président se laisse faire et ne bronche pas. « Pour lui, tout ça est accessoire, c'est de l'esbroufe. Cette com n'a aucune importance tant que ça ne touche pas aux intérêts fondamentaux », souligne un communicant proche du président. « Lorsqu'il n'en aura plus besoin, il le jettera », se rassure un ennemi de Gaspard au PS. Certes. Mais, qu'il le veuille ou non, toutes ces histoires, variées, caustiques, voire gênantes politiquement, qui concernent son entourage direct l'atteignent au premier chef et contribuent à affaiblir la fonction présidentielle.

« Il les a tous nommés, conclut un de ses vieux amis, il est le premier responsable de leurs erreurs. »

3

Les technos… paradent

Il est parfois utile de se replonger dans les archives. Dépoussiérer notamment quelques *Journal officiel* du début des années 1980, pour s'intéresser au cabinet de François Mitterrand, quand il conquiert le pouvoir. À l'Élysée, il enrôle Jacques Attali comme conseiller spécial, d'autres hauts fonctionnaires, tels que Jean-Louis Bianco, un diplomate, Pierre Morel, membre du prestigieux Centre d'analyse et de prévision du ministère des Affaires étrangères. Mais le président Mitterrand se dote surtout d'une équipe très politique tout-terrain. À ses côtés, il fait venir l'ancien ajusteur-fraiseur parvenu au sommet, Pierre Bérégovoy, et le nomme secrétaire général de l'Élysée, alors que l'homme n'a fait ni l'ENA, ni Sciences Po, ni l'École normale supérieure et est un autodidacte. L'homme d'affaires André Rousselet, décédé en 2016, patron des taxis G7, prend la direction de son cabinet. L'écrivain Paul Guimard, lui, aura la charge des affaires culturelles. François de Grossouvre, propriétaire exploitant agricole, devient chargé de mission auprès du président de la République. Son équipe, bigarrée, tient de l'« auberge espagnole ». François Mitterrand a opté, c'est flagrant, pour un large éventail de compétences, de cultures et de personnalités. Une équipe où les hauts fonctionnaires sont les moins nombreux. Sur les trente-quatre membres du cabinet, ils ne constituent que le tiers environ des effectifs. Du jamais vu sous la Ve République.

Changement de décor. Changement d'époque. Trente et un ans plus tard. Bernard Combes a la rancune tenace. « Ça vous viendrait à l'idée, vous, de constituer une équipe politique avec votre classe de terminale ? » Son président lui paraît désormais inaccessible. François Hollande a perdu sa liberté. Toujours suivi par un ou plusieurs agents de sécurité. Presque plus de sas de liberté. Pendant longtemps, lui-même confessait : « Je ne peux pas me déplacer comme je veux, ma liberté c'était Tulle. Je n'ai plus de lieux où je peux faire le marché. » L'Élysée enferme. Lui qui ne circulait qu'en scooter doit se résoudre à traverser Paris en voiture sécurisée, avec des gardes du corps et une cohorte de conseillers.

Alors, oui, Bernard Combes ne comprend pas ce changement autour du président. Lui, l'enfant de la Corrèze, la simplicité chevillée au corps. L'actuel maire de Tulle (il a succédé à Hollande en 2008), fidèle compagnon de route, a observé le bal des courtisans, l'arrivée en force de ces énarques, promotion Voltaire, nombreux et pour beaucoup réapparus à quelques semaines de la victoire. Coïncidence ?

Très vite, ils mettent le grappin sur « son » François. En septembre 2012, l'Élysée se tâte. François Hollande doit-il, pardon, peut-il, se rendre comme chaque année au traditionnel, immanquable festival des Nuits de nacre de Tulle ? Le festival d'accordéon – la préfecture corrézienne en est la capitale –, qui est devenu l'un des rendez-vous les plus fréquentés, dure quatre jours et se partage entre concerts payants dans des salles et gratuits dans la rue. Un président dans les rues de Tulle pour célébrer un instrument tombé dans l'oubli ? Sacrilège ! Bernard Combes n'est pas du tout de cet avis et le fait savoir à qui de droit : « Pour eux, un président ça ne s'amuse pas. Viendra. Viendra pas. Tout ça manque de simplicité. Il y vient depuis vingt-cinq ans, ça n'a rien de grandiloquent. » Le chef de l'État choisira l'option Combes. Il ira.

Mais cette histoire illustre la cassure, la fracture entre, d'une part, une frange de conseillers qui l'ont suivi, accompagné dans sa chute comme dans sa renaissance, ancrés dans le réel, et d'autre part, un groupe issu des grandes écoles de la

République. L'élite. En particulier d'une école, qui agrège tous les mécontentements et toutes les turpitudes : l'ENA. Pourtant, une grande partie de cadres dirigeants, que ce soit dans les banques, les administrations et… le milieu politique en est issue. C'est la voie royale vers le pouvoir mais c'est une « caste » de plus en plus déconnectée de la réalité du terrain.

Un temps, le gouvernement a envisagé de réformer en profondeur l'École nationale d'administration. Le ministre en charge de la réforme, Thierry Mandon, souhaitait en faire « une école de management public ». Son projet : qu'elle s'apparente davantage à une école de commerce avec des stages dans des PME plutôt que dans les grands groupes ou aux guichets des administrations, voire à la rédaction de discours pour le préfet. Autre piste étudiée : une sélection différente des élèves. Moins de place à la culture générale, qui avantage les enfants de diplômés, et plus de place au « savoir-être » : maîtrise du numérique, adaptabilité, capacité d'ouverture, réactivité. Le but est de former des managers qui pourront conduire des administrations et apprendre à piloter les changements. Mais toucher à l'ENA, c'est s'attaquer à la pouponnière de l'élite française.

La faute à Voltaire ?

François Hollande, pur produit de cette école, a quitté l'ENA en 1980. Trente-six ans plus tard, la promotion dont il est sorti, la promotion Voltaire, est devenue un symbole. Une génération aux avant-postes qui, depuis près de quatre décennies, a réussi la performance de se maintenir à ce rang. À la fin des années 1990, Hollande confiait : « On se voit toujours beaucoup, on passe des vacances ensemble, des réveillons. Nos enfants se connaissent. Est-ce que cela a aidé nos carrières ? C'est surtout un lien amical qui nous a permis de rester forts quand ça allait moins bien. »

Certains hurlent à l'endogamie, mais force est de constater que les Voltaire ont été particulièrement bien servis au cours de ces quatre premières années. Dernière nomination en date ? Celle de Sylvie Hubac, l'ancienne directrice de cabinet du chef de l'État propulsée à la présidence du très convoité Grand Palais. D'un palais à l'autre. À son poste, François Hollande fera venir Thierry Lataste, en janvier 2015. Ce dernier, en partance pour la Nouvelle-Calédonie, n'a pas fait un long bout de chemin puisque au mois de juin dernier, il a été remplacé par Jean-Pierre Hugues, ex-directeur général de la LFP, la Ligue de football professionnelle, issu (roulement de tambour) de la promotion Voltaire. Un de plus chargé de « tenir la maison », c'est-à-dire de gérer les affaires courantes du président, quand ce dernier se déclarera candidat. À l'Élysée ont suivi le préfet Pierre-René Lemas, remplacé par la suite par Jean-Pierre Jouyet. Deux Voltaire. Dès le début du quinquennat, un ami de quarante ans, Michel Sapin, a été nommé ministre du Travail.

La promotion Voltaire, déclinée en livre, en série, en documentaire. Les journalistes Samir Tounsi et Pierre-Jean Zami ont consacré un documentaire à cette promotion. D'emblée, on apprend que le très sérieux Henri de Castries, qui vient de quitter Axa, le premier groupe d'assurances européen, avait proposé que la promo s'appelle… « Trou des Halles », une référence au gigantesque chantier qui défigurait le cœur de Paris à l'époque, bien avant la tout aussi controversée Canopée. Le trésorier de la campagne de l'ex-candidat socialiste Jean-Jacques Augier, lui aussi rencontré sur les bancs de l'ENA, justifie ce recours aux Voltaire : « Nous sommes dans une période très difficile dans laquelle le combat à mener est à l'extérieur. Le match est assez difficile, c'est comme au football, il faut prendre des gens qui ont l'habitude de jouer ensemble. » L'opposition monte au front et ne laisse pas passer cette occasion de critiquer François Hollande. Nathalie Kosciusko-Morizet dénonce, quand elle évoque la promo Voltaire, « un vivier exclusif ou en tout cas prioritaire de toutes les nominations en France ». Critique… de polytechnicienne.

Le chef de l'État s'en amuse. Début 2013, il remet la Légion d'honneur à un de ses camarades de promo, l'avocat Dominique Villemot, qui rêvait de devenir son secrétaire général à l'Élysée et a même mené une intense campagne de lobbying, sans succès. Devant un parterre d'ex-Voltaire, dans la salle des fêtes de l'Élysée, François Hollande vante les mérites de celui qu'il a côtoyé à la fin des années 1970 et qu'il n'a jamais perdu de vue. « Une fatalité pèse sur vous, vous êtes sorti de la fameuse promotion Voltaire de l'ENA. Et je m'en voudrais presque d'avoir réussi le concours cette année-là si ça devait affecter la lucidité des commentateurs sur les mérites des anciens élèves issus de cette promotion, qui ne me doivent rien, à qui je dois peut-être beaucoup, car aucun n'a eu besoin de moi pour faire carrière avant moi. » Le chef de l'État prend ça à la rigolade, comme pour balayer d'un revers de main les critiques, y compris internes au cabinet, de ceux qui l'ont toujours suivi. Les « politiques », minoritaires face à l'« énarchie » ultra-majoritaire à l'Élysée.

Pour Bernard Poignant, l'ami de trente ans, qui revendique fièrement son agrégation d'histoire – « Je suis une espèce à protéger, qui relève de la biodiversité » –, François Hollande aurait dû se constituer une équipe « à l'image de la société ». Comme Mitterrand en son temps, qui n'était pas énarque et honnissait à ses débuts la technocratie.

« La technocratie administrative déteste et jalouse la politique, vierge folle qui court et musarde hors du logis, tandis qu'elle, vierge sage, tient la maison[1] », écrivait-il. Même si paradoxalement il a une responsabilité dans l'intégration progressive d'anciens élèves de l'ENA, dont François Hollande au cabinet de Max Gallo en 1981, vers les postes stratégiques de l'appareil et des cabinets ministériels.

« Le creuset de la reproduction sociale des élites »

Trente ans après, cette « endogamie » sème le trouble. Toujours aussi provocateurs, les Jeunes Socialistes ont adressé à leur manière un message d'anniversaire à l'école qui fêtait fin 2015 ses soixante-dix ans. « Les Jeunes Socialistes tiennent à souhaiter un joyeux anniversaire à l'ENA, qui fête aujourd'hui ses soixante-dix ans, et lui suggèrent à cette occasion de penser à prendre sa retraite ! En effet, soixante-dix, c'est aussi la proportion d'élèves de cette prestigieuse école ayant un père cadre supérieur, voire plus, contre 45 % lors de sa création en 1945. » Triste bilan pour une école qui se voulait être l'outil du renouvellement des élites de l'État. À leurs yeux, l'ENA est devenue

1. *Le Coup d'État permanent*, Plon, 1964.

« le creuset de la reproduction sociale des élites ». Mais on n'y touche pas impunément. Esprit de corps, es-tu là ? Quelques jours plus tard, interrogé à ce sujet sur l'antenne de France Inter par Patrick Cohen, Jean-Christophe Cambadélis, pourtant pas issu de ses rangs, mais plus de la « promotion Trotski tendance lambertiste », va sèchement leur répondre. « Il y a un côté potache. Les Jeunes Socialistes sont totalement indépendants du Parti socialiste. Ils disent ce qu'ils veulent et parfois on le regrette. » Le MJS a néanmoins dit tout haut ce que beaucoup pensent tout bas.

L'« énarchie », le pouvoir de la « technocratie », de la « technostructure », ce ténor de l'Assemblée n'a cessé de les dénoncer et de s'insurger contre la mainmise de cette « bourgeoisie d'État ». Ce pilier de l'Assemblée ose la comparaison avec l'appareil mis en place par Jospin. « Au début des années 2000, il y avait une logique de mission politique ; en 2012, c'est plus de la compromission, soit pour sa carrière personnelle, soit pour ses copains »… de promo, notamment. « Il n'y a pas de logique de réussite collective. » Bernard Poignant abonde dans son sens : « Dans le monde des énarques, on n'est pas de gauche ou de droite. On est issu d'une même promotion ou d'une autre », relève le conseiller du président, qui ne trouve pas sain de voir aujourd'hui cette « ultra-domination de l'ENA dans la sphère politique ».

Quand elle arrive au pouvoir en 2012, la gauche détient la quasi-totalité des Régions, les deux tiers des départements, et a le contrôle sur les plus grandes villes de France. Elle dispose donc d'un maillage territorial insensé, sur lequel personne, paradoxalement, ne va s'appuyer. « Nous aurions pu recruter au sein même des collectivités territoriales et panacher avec des technos, poursuit le hiérarque du Parlement. Nous aurions pu trouver un juste équilibre. » Le choix est pourtant fait de ne pas piocher dans ce vivier mais de s'entourer de la technostructure. Plus d'un tiers des conseillers élyséens sont issus de l'ENA. Des énarques étiquetés à gauche, qui, pour la plupart, ont travaillé à la campagne du candidat socialiste. Constance Rivière, Emmanuel Macron, Boris Vallaud. Des conseillers et ex-conseillers tous issus de la haute école d'administration mais qui ont mis la main à la pâte les quelques mois précédant l'élection, en abreuvant l'équipe de campagne de notes pour préparer l'alternance.

Le président de la République justifie ainsi le recours à ces hauts dirigeants, cette élite qui a une réelle connaissance du pouvoir. Il n'est pas question de remettre en cause leur fidélité à l'État, leur sens du service public et de l'intérêt général. François Hollande n'a pas pu se résoudre à s'attaquer à ce corps, dont il fait partie, dont il connaît les codes, mais son esprit de corps a aussi pris le pas sur la raison. « Il croit en la capacité de travail des énarques, en leur méthode de travail, en leur façon d'ingurgiter des masses d'information, analyse un de ses anciens collaborateurs, non énarque. Tout simplement parce qu'il est l'un d'entre eux. Il s'identifie à eux. » Lors du dernier remaniement en février 2016, il nomme notamment Juliette Méadel, peu appréciée au sein du PS. « Ne cherchez pas, explique une camarade de la nouvelle secrétaire d'État aux Victimes, elle n'a jamais brillé au sein du parti, mais elle est énarque. Pour Hollande, ça change tout. » Une fois n'est pas coutume, il y a quelques temps, au moment de nommer le P-DG d'Air France, le bras du chef de l'État a un peu flanché. Le favori Jean-Marc Janaillac partait avec un avantage de poids. Promo Voltaire. « J'ai fait le forcing pour Janaillac, car c'était le meilleur candidat », confie Emmanuel Macron. Pourquoi le président n'en voulait-il pas ? « C'était un Voltaire », lâche le ministre de l'Économie avec un clin d'œil. C'était bien la première fois que Hollande hésitait dans pareille situation. À en croire son ministre, il n'a pas pu faire autrement que de nommer Janaillac.

Les énarques, et notamment ceux de la promotion Voltaire, tracent leur route depuis le début des années 1980. La plupart de ces ex-élèves ont dépassé les 60 ans et prendront donc, comme le souhaitait le MJS, leur retraite dans les années qui viennent. Mais une nouvelle promo commence déjà à faire des siennes. La promotion Sédar Senghor des Macron, Gantzer, Vallaud et compagnie a pris le relais et fourni un bataillon d'énarques à François Hollande. Retenez bien leur nom. Le chef de l'État a contribué à leur éclosion et doit se méfier, car leur ambition débordante pourrait les conduire, un jour pas si lointain, à vouloir « tuer le père ».

4

Un écran de fumée

Arnaud Montebourg a voulu y retourner. Comme pour exorciser. Refermer cette plaie. Un pèlerinage. Voir sans être vu ; d'ailleurs, avait-il envie qu'on le reconnaisse ? Il s'y est rendu presque à l'improviste, le 30 juillet 2014, le Conseil des ministres est à peine terminé. Les vacances débutent. Les ministres pourront profiter d'un peu plus de quinze jours de repos. Arnaud Montebourg et Aurélie Filippetti, ministres pour encore quelques semaines – la cuvée du redressement n'a pas été débouchée –, filent sans se retourner vers la gare de l'Est et prennent le premier TGV. Direction Metz. Là, ils remontent la fameuse vallée des anges. Toutes ces villes du Val de Fensch, en Lorraine, qui se terminent par « – ange ». Hayange, Gandrange, Uckange… Les traditions minières et sidérurgiques, les hauts-fourneaux, enfin, ce qu'il en reste. Les deux ministres, qui n'ont pas encore révélé leur idylle au grand jour, déambulent sur les vestiges des promesses oubliées, sur les reniements. « Un terrible désenchantement et une triste ironie de l'histoire », confie Aurélie Filippetti. Un tour en mairie de Florange, qui, après des décennies à gauche, a basculé à l'UMP dès le premier tour (il n'y avait certes que deux candidats). « Arnaud avait besoin de revenir là avec Aurélie », raconte un ami du couple. Retour en arrière.

« De Florange à la déchéance »

Elle, l'enfant du pays, dont le premier roman *Les Derniers Jours de la classe ouvrière* avait si parfaitement dépeint le quotidien des ouvriers dans les mines. Finalement, fin 2012, elle en a été le témoin direct. Lui, l'ex-ministre du Redressement productif, qui a tout fait pour sauver les hauts-fourneaux de Florange, qui n'a jamais abandonné la lutte, partageant le petit déjeuner dès potron-minet devant Bercy avec les métallos en grève, venus spécialement afficher au pied du ministère leur colère et leur exaspération. « De Florange à la déchéance, résume aujourd'hui Aurélie Filippetti. Finalement, ce quinquennat, c'est le chemin de croix de tous les électeurs et les sympathisants de gauche. » Un goût toujours aussi amer quand elle évoque le sort des ouvriers, qu'elle connaît par cœur, qu'elle tutoie et respecte. Dans le pays lorrain, la solidarité fonctionne à plein régime. La Mosellane n'avait pas été mise dans la confidence, le soir de l'annonce du plan Florange, ce 30 novembre 2012, censé sauver l'usine et une partie de la région. Le plan de la dernière chance.

Cruelle soirée, glaciale nuit. On la sent toujours marquée quand elle évoque la « trahison de François Hollande », mais les souvenirs restent intacts. Six mois déjà qu'elle est entrée au gouvernement, avec l'envie de changer les choses. Cécile Amar, dans son livre *Jusqu'ici tout va mal* [1], raconte cette soirée de souffrance. Toute une région attend la décision du gouvernement. C'est à la une des quotidiens : Florange sera-t-il sauvé ? La sidérurgie redevenue un enjeu au XXIe siècle ? L'histoire est parfois cocasse. La ministre de la Culture, la régionale de l'étape, a été de tous les combats avec les ouvriers, Gandrange, Hayange, Florange. Mais, depuis quelques jours, elle doit garder le silence. Elle reste en contact permanent avec les syndicalistes d'Arcelor reçus à Matignon. Mais elle ne peut pas intervenir. Elle assiste, impuissante, à la décision qui est prise ce 30 novembre 2012. Sans doute cette date restera-t-elle comme l'un des premiers marqueurs de l'échec de François Hollande, d'une coupure avec une partie du monde de gauche.

Dans les semaines qui ont précédé, l'Élysée, Matignon, le Redressement productif ont

1. Grasset, 2014.

multiplié les entretiens avec le leader de l'acier Mittal, propriétaire du site lorrain. Il souhaite s'en débarrasser. L'industriel indien, pas réputé des plus tendres, avait prévenu que, le 30 novembre, si personne ne se manifestait pour la reprise du site, il commencerait la fermeture de certaines installations, dont les fameux hauts-fourneaux, l'emblème de la région. Mittal est pragmatique. Il ne fait pas de sentiments. Le marché européen de l'acier a reculé de près de 25 % en cinq ans, du fait notamment de la chute de l'activité dans ses deux principaux débouchés : le bâtiment et l'automobile. En langage spéculateur, Florange n'a plus grand intérêt à ses yeux.

Arnaud Montebourg s'est battu, débattu parfois, pour sauver les hauts-fourneaux qui, contrairement à ce que l'on répète, se trouvent sur la commune d'Hayange. Rendons à César ce qui appartient à César. Fin novembre, il pense avoir trouvé le sauveur providentiel. Un repreneur. Un aciériste. Le bras de fer entre le ministre du Redressement productif et Arcelor Mittal entre alors dans une phase critique, avec cette menace formulée par Montebourg de nationaliser l'usine de Florange, voire l'ensemble des activités du groupe. François Hollande, lui, joue un jeu trouble. À ceux qui plaidaient pour la nationalisation, il a adapté son discours pour que ses interlocuteurs croient qu'il les soutient. Quand Michel Sapin explique que « la bonne solution, c'est d'examiner les propositions faites par d'autres entreprises pour faire en sorte qu'Arcelor Mittal accepte de vendre à pas cher », ajoutant qu'« on n'est plus dans une époque où on nationalise la sidérurgie », donc s'oppose frontalement à Montebourg, le chef de l'État envoie un SMS au ministre du Travail : « Laisse faire Arnaud. » Du Hollande pur jus, qui joue sur tous les tableaux. « Je me suis senti soutenu et je pensais même l'avoir convaincu », concède Montebourg.

Le 30 novembre, les heures passent. Que va décider le gouvernement ? Une partie de la gauche milite ouvertement pour la nationalisation. Mais, en coulisses, d'autres réseaux s'activent. À Matignon, notamment. Jean-Marc Ayrault n'a jamais été un défenseur de la nationalisation ; il plaide plus pour une solution de compromis avec l'aciériste indien. Vers 20 heures, à l'Élysée, le président se montre plutôt serein. Ce n'est pas le cas de son secrétaire général, Pierre-René Lemas, surpris de voir un journaliste dans le bureau du président. Ce dernier se confie. « Nous avons conclu avec Arcelor Mittal un accord prévoyant 180 millions d'euros d'investissement dans les cinq ans et il n'y aura pas de plan social », se félicite-t-il devant moi. « Et la nationalisation, vous l'avez donc abandonnée ? » lui demandé-je instantanément, étonné, car je pensais qu'elle était plus que dans les tuyaux. « Non, c'était un mythe, nous ne l'avons pas envisagée. » Stupéfait, je quitte l'Élysée et me rends compte que j'ai en ma possession un scoop. Le plan Florange. Je le tweete immédiatement. À Matignon, où l'annonce doit être faite, les conseillers démentent mes informations. Colère, me racontera plus tard un proche du Premier ministre, lequel a compris que le président lui avait coupé l'herbe sous le pied en faisant fuiter avant lui ce plan si attendu, qu'il annoncera peu après 21 heures.

« Un socialiste, ça trahit toujours »

Jean-Marc Ayrault a endossé le rôle du méchant. L'ex-Premier ministre a pris des coups dans cette affaire. Droit dans ses bottes. Contre vents et marées, il a toujours plaidé pour la solution la plus pragmatique. « Florange ? Ce qui a pollué le message, c'est le discours souverainiste de Montebourg, assène Ayrault. Il a voulu nous ramener à la nostalgie du XIXe siècle, avec sa nationalisation. » Il n'y a jamais cru et persiste à penser que son plan était l'unique et le seul adéquat. La nationalisation n'était qu'un leurre. À l'époque, il a demandé la « tête de Montebourg » car il veut asseoir son autorité et n'admet pas que quiconque conteste la ligne gouvernementale. Jean-Marc

Ayrault se souvient parfaitement de cette annonce. « Six cents emplois ont été sauvés », promettait-il à l'époque. Aujourd'hui, son opinion a quelque peu évolué. « Six cents emplois, c'est quoi ? C'est rien. » Et il rappelle les grandes manifs des sidérurgistes en mars 1979 à Paris, alors que les usines de Lorraine menacent d'être fermées. Déjà. « Là, oui, je comprends l'embarras, la désespérance, des milliers d'emplois allaient disparaître. » Et Florange, n'est-ce pas un symbole que la gauche veut et doit incarner ? « Non », répond-il sèchement. La gauche a définitivement rompu ses liens avec le monde ouvrier. Pour d'autres, elle a raté sa conversion à une forme de pragmatisme social-démocrate. « La faute à un leadership pas clair du président, qui a joué sur tous les tableaux », résume un témoin de l'époque.

Devant sa télévision, Aurélie Filippetti comprend. Pas de nationalisation temporaire, comme le préconisait Montebourg. Le ministre du Redressement a échoué. Les hauts-fourneaux vont mourir. Peu après 21 heures, quand le visage du Premier ministre apparaît, elle lâche un long soupir et, quand il affirme « ça a permis de sauver l'emploi », ce sont deux « pipeau, pipeau » qui sortent de sa bouche. « C'est un cauchemar j'ai l'impression de revenir trente ans en arrière[1]. » Il

1. *Jusqu'ici tout va mal*, *op. cit.*

y a trente ans, la parenthèse libérale débutait. Déjà un gouvernement de gauche. Déjà la trahison de la classe ouvrière. Son père, mineur communiste, lui disait souvent : « Un socialiste, ça trahit toujours. » Elle peut en témoigner plus que quiconque. Deux générations, deux formes de trahison.

« Ton Premier ministre est une buse »

Le lendemain matin, premier jour de décembre 2012. Froid. Maussade. Arnaud Montebourg est groggy. Il a été convoqué à l'Élysée par le président qui lui explique à la mode hollandaise que ce n'est pas un désaveu, mais c'est tout comme. Il faut savoir trouver les mots : « Ton Premier ministre est une buse », éructe Montebourg. Le fougueux ministre du Redressement peut décider de partir. Il y songe. La discussion houleuse se termine mais les deux hommes parviennent à un compromis : ni l'un ni l'autre ne veulent se séparer. Ils ont besoin l'un de l'autre. François Hollande a besoin d'Arnaud Montebourg et de ses 17 % à la primaire, une des clés de la victoire du président. Il ne se résout pas à faire exploser sa majorité, cet attelage si fragile, mais concocté de manière experte. À la manière d'un bureau national du PS, avec tous ses équilibres instables mais qui doivent tenir le choc. Arnaud Montebourg, lui, sait qu'en dehors du gouvernement il n'existera plus, surtout six mois après son entrée.

Le ministre du Redressement productif quitte le bureau présidentiel, se réfugie dans celui quasi attenant de son ami, le conseiller spécial Aquilino Morelle. Son portable sonne. Jean-Marc Ayrault à l'autre bout du fil. Montebourg fulmine : « Comment t'as pu me faire ça ? De quoi j'ai l'air, après ce que tu as dit devant les Français, alors que je me démène ! T'envoies l'aviation mitrailler tes troupes, c'est ça ? Et après, tu fais chier la terre entière avec ton aéroport de Notre-Dame-des-Landes dont tout le monde se fout. Tu gères la France comme le conseil municipal de Nantes[1]. »

Ils auraient pu quitter le navire. Montebourg et Morelle l'ont envisagé un court instant. « Il y avait une logique politique à ce que nous partions », confesse l'ancien conseiller du président. Mais partir six mois après l'élection ? « On nous aurait accusés de déserter. À la première difficulté, on ne baisse pas pavillon », explique-t-il. Arnaud Montebourg est sur la même longueur d'onde. « Je suis tombé dans le piège », confesse l'ancien ministre. Un piège ? Celui tendu par François

1. Propos rapportés par Valérie Astruc et Elsa Freyssenet dans *Florange. La Tragédie de la gauche*, Plon, 2013.

Hollande. « Une fois que vous acceptez la décision, que vous avez avalé une couleuvre comme Florange, difficile de partir : il faut une raison encore plus forte... » Ils sont restés, car même s'ils ne l'avoueront jamais, ils ont goûté au pouvoir, un nectar si doux. Les hauts-fourneaux, eux, ne sont plus. Florange restera certainement comme un « tombeau », le premier, pour la gauche. C'est Arnaud Montebourg qui a fait ses confidences en 2015 dans un documentaire télé. Plutôt rare, peu disert, il a accepté de revenir sur la victoire du Front national à Hayange, à six kilomètres de Florange. Emmené par un ex de la CGT, Fabien Engelmann, exclu de la Confédération, le parti l'a emporté triomphalement, balayant le maire socialiste sortant. Dans ce documentaire de Paul Moreira, Arnaud Montebourg s'exclame avec la verve qui lui est propre : « En politique, la lâcheté a un prix ! » Et d'ajouter, comme pour expliciter les déroutes électorales qui ont suivi : « Pour moi, c'est une humiliation personnelle et une défaite politique. C'était un abandon en rase campagne. Et le prix payé, c'est la chute de la mairie d'Hayange dans les mains du Front national. » En petit comité, pour parler de Hollande et Ayrault, outre la « lâcheté », il emploie souvent ces deux adjectifs : « médiocres » et « menteurs ».

L'épisode Florange reste marqué d'une pierre blanche. La gauche du PS a bien du mal à digérer cet épisode. Jérôme Guedj, ex-député de l'Essonne (suppléant de François Lamy, ministre délégué à la Ville), ex-président du conseil général de l'Essonne, balayé aux départementales de 2014, est « tombé de l'arbre » en ce jour glacial de décembre. Coup sur coup sortent du chapeau le CICE (Crédit impôt compétitivité emploi) et le refus de nationaliser Florange. « Pourtant, j'étais persuadé qu'il était capable de faire le pacte de compétitivité et la nationalisation temporaire ». Tout le contraire se produit. « La fronde naît dans les jours qui suivent et tout le monde pense qu'elle va mourir assez vite », commente Jérôme Guedj.

Dans les jours qui suivent l'annonce, on guette justement les moindres sorties, plutôt rares, du chef de l'État. Il nous faut connaître son ressenti, ses impressions après le fracas du rejet de la nationalisation dans sa majorité. Bingo. Son agenda annonce une visite chez Emmaüs, début décembre, dans le nord de Paris. Pour obtenir un mot de François Hollande, il faut guetter son regard, parvenir à le croiser. Sa mécanique intellectuelle et son goût immodéré pour les médias feront le reste. Il ne refuse jamais quelques confidences aux journalistes, même quand le lieu ne s'y prête guère. « Les ouvriers, je les connais tous, j'étais sur la camionnette, le coût politique, on le verra dans deux ans. » Avant de lâcher, le visage grave et tendu : « On aurait nationalisé, on aurait dû fermer nous-mêmes. » Fermez le ban.

« Escroc ! »

Pourtant, entre la cité mosellane et le socialiste, cette histoire avait tout pour être belle. Le 24 février 2012, la campagne bat son plein, le candidat François Hollande est en chute libre, pris en étau entre un Nicolas Sarkozy tout fraîchement déclaré et un Jean-Luc Mélenchon qui n'en finit plus de grimper dans les sondages. Le candidat socialiste débarque par surprise en Lorraine. L'usine Arcelor Mittal et le combat de ses sidérurgistes sont devenus un symbole. À l'époque, les hauts-fourneaux du site sidérurgique sont déjà menacés de fermeture. Sur le toit de la camionnette de la CFDT, il promet de revenir s'il est élu président et prend un engagement : une loi pour qu'« une grande firme qui ne veut plus d'une unité de production » soit obligée de la mettre en vente. Quel succès ! Quelle image intense ! L'image d'une gauche qui veut conquérir le pouvoir et qui se tourne de nouveau vers les ouvriers, ceux qui, un temps, avaient cessé de croire en elle. Ils retrouvent de l'espoir. Le toit de la camionnette.

Un sommet. De là-haut, il n'a pas vu qu'une fois le pouvoir conquis il creuserait son tombeau avec celui des ouvriers.

Dix-neuf mois plus tard, quelques mois après le compromis concocté avec Mittal. Le revoilà. Au loin, les cheminées ont cessé de dissiper leur fumée noirâtre. Entre-temps, les 2 500 salariés ont connu l'humiliation. Le gouvernement, en confortant Mittal, qui s'est engagé à investir 180 millions d'euros sur le site sur cinq ans, a déjà amorcé une forme de pacte de responsabilité avec une entreprise et des contreparties pour les salariés. Ce 26 septembre 2013, François Hollande ne manque pas de courage, il revient sur les lieux du « crime ». Parmi les sidérurgistes qui l'attendent, quelques-uns hurlent : « Escroc ! » ; un autre en écho renchérit : « Socialiste ! », comme si c'était devenu une insulte. À peine arrivé, Hollande s'enferme dans les grands bureaux de la tour administrative, à une centaine de mètres de l'usine. Il s'entretient avec la direction, puis c'est au tour des représentants syndicaux. Les syndicats rappellent à François Hollande ses engagements, leurs déceptions. Mais le chef de l'État n'est pas venu les mains vides. Il annonce la création à Florange d'un centre public de recherche pour la sidérurgie française, qui devra permettre d'« assurer l'acier de demain ». Et il s'engage à venir chaque année à Florange pour vérifier que les promesses sont tenues. En aparté, il confie aux journalistes présents que cette idée lui est venue spontanément, pendant le rendez-vous.

François Hollande est parvenu, comme il sait si bien le faire, à retourner l'hostilité des sidérurgistes, qui sont bien obligés de l'admettre : « On ne voulait pas de discours, il est venu avec un acte », s'est finalement réjoui le leader de la CDFT locale, Édouard Martin, qui deviendra quelques mois plus tard le candidat socialiste aux européennes. Avec la création de ce centre, « peut-être que la peur va changer de camp, estime-t-il, faisant allusion au bras de fer entre les salariés d'Arcelor Mittal et le chef d'entreprise indien Lakshmi Mittal, parce que au lieu de déserter la Lorraine, à sa place, j'aurais tout intérêt à y rester », maintenant qu'il y aura de la concurrence entre industriels en matière de recherche sidérurgique.

La journée est plutôt réussie, les conseillers du président fanfaronnent. Pierre-René Lemas, le secrétaire général de l'Élysée, ancien préfet de Moselle et de la Région Lorraine, Nicolas Revel, son adjoint au palais, se permettent sur le ton de la plaisanterie de se moquer des quelques journalistes qui ont, selon lui, « malhonnêtement mis en avant » les sifflets à l'arrivée du chef de l'État. Bref, ce déplacement, présenté par certains comme à haut risque, est en apparence une bouffée d'oxygène pour le président.

Mais soudain, patatras ! Tout bascule, à plusieurs centaines de kilomètres. Cécile Duflot monte à la tribune des journées parlementaires de son parti et tacle sévèrement Manuel Valls, après les propos du ministre de l'Intérieur sur les Roms. Selon lui, « seule une minorité [des Roms] cherche à s'intégrer » et leur « mode de vie » est en « confrontation » avec celui des populations locales. L'ancienne patronne des Verts accuse le ministre de l'Intérieur d'être allé « au-delà de ce qui met en danger le pacte républicain ». Pour elle, régler un différend aussi grave, « ce n'est pas la responsabilité des ministres, c'est la responsabilité du président de la République ». Premier round d'un combat qui ne va cesser de les opposer. À Pompey, le président visite une usine de canettes. « Putain, elle nous pourrit notre visite », lâche Nicolas Revel, d'humeur moins badine. La seule ministre qui a eu le droit d'accompagner François Hollande, Aurélie Filippetti, qui, à ce moment-là, n'est plus aussi critique et a, semble-t-il, ravalé sa rancœur, s'emporte : « Elle fait chier, Duflot, elle avait besoin de faire ça aujourd'hui ! » Le secrétaire général de l'Élysée, plus calme, trouverait « opportun » que le chef de l'État réagisse. Il n'en fera rien. À 16 heures, plus personne ne parle de Florange. *Le Figaro*, qui avait prévu deux pages sur le sujet, change de braquet et saisit l'occasion rêvée de mettre l'accent sur ce nouveau couac gouvernemental. La machine s'est enrayée. Cette fois, il n'en est pas le premier responsable.

Le président français n'a jamais réussi à renouer le contact. Il est certes revenu en 2014. Mais, alors qu'il avait promis de revenir tous les ans, aucune trace de déplacement dans la vallée des anges en 2015. Et toujours pas en 2016, alors même qu'il a organisé un Conseil des ministres franco-allemand... à Metz, à une quarantaine de kilomètres seulement. « Pour des raisons de sécurité, en raison du risque d'attentats », se justifie-t-on à l'Élysée. Reste que, sur place, la promesse est considérée comme non respectée. Et que dire du centre public de recherche dont l'ouverture, programmée en 2015, serait finalement prévue pour 2017 ? « C'est pour bientôt », promet l'ancien sous-préfet François Marzorati, en charge de surveiller que l'accord entre Mittal et le gouvernement est respecté. À quelques mois de la présidentielle, histoire de se rappeler au bon souvenir des sidérurgistes. Sera-ce suffisant ? Une nouvelle fronde est née en Moselle. Plus silencieuse, celle-là. En 2009, une stèle en mémoire de ces reniements avait été érigée. « Ici reposent les promesses de Nicolas Sarkozy. » Les hauts-fourneaux de Florange se sont tus. François Hollande a lui aussi hérité d'une stèle du même type. « Ici reposent les promesses de François Hollande. » On ne fait pas de jaloux en Moselle. C'est à se demander si cela l'affecte vraiment, car, quelque temps après l'annonce du plan Florange, il a confié : « Perdre les ouvriers, ce n'est pas grave. »

5

Le pacte ou les prémices du virage social-libéral

« Le changement, c'est maintenant ! » Et ce changement ne passe pas inaperçu. Il a lieu un mardi soir. Pas tout à fait comme les autres. À l'heure où les Français s'apprêtent à réveillonner en famille, entre amis. À l'Élysée, c'est l'affolement général. Dans quelques minutes, le président va adresser ses vœux aux Français. Les deuxièmes de son quinquennat. Ce ne sera pas du direct. Trop périlleux. La prestation du président ne laisse place à aucune improvisation : plusieurs prises sont nécessaires. Quelques heures plus tôt, Aquilino Morelle, le conseiller du président, son hémisphère gauche, et Emmanuel Macron, son secrétaire général adjoint, encore méconnu du public mais reconnu comme un petit génie de la finance, mettent la dernière main au discours de François Hollande.

Les vœux des présidents de la République sont diffusés le 31 décembre à l'heure de la plus grande écoute, à 20 heures sur toutes les chaînes en simultané. Lieu et décor ne varient guère ou si peu. Le bureau du président, la bibliothèque, la salle des fêtes, seules les pièces de la maison changent. Il ne viendrait jamais à l'esprit de quiconque d'organiser des vœux présidentiels « décentralisés ». Par exemple dans une école ou en province. Non, les vœux, c'est au palais. À Paris. Nulle part ailleurs. Les vœux sont toujours l'occasion pour le chef de l'État de faire le bilan des actions conduites, de justifier le bien-fondé de ses choix. Le ton se veut convaincant, jamais oppressant. L'année qui vient de s'achever a souvent été difficile. Ça, c'est la rengaine des trente dernières années. Mais, pour contrebalancer, il faut aussi évoquer avec confiance les perspectives d'avenir.

Le pacte arrive. Branle-bas de combat dans les rédactions. La rumeur bruisse. Contre toute attente, il se pourrait que le chef de l'État fasse une annonce. Même agitation qu'au palais de l'Élysée. « Un pacte ? Quoi, comme pacte ? » « Le pacte des loups ? » ose une collègue. Réplique immédiate : « Quand c'est flou, c'est qu'il y a un loup. » Celle-là, elle restera. Merci, Martine Aubry ! Le suspense est brisé quelques minutes avant l'antenne : « Bonsoir, Aquilino, le PR annonce un pacte, c'est vrai ? » Réponse sans ambiguïté du conseiller spécial : « Oui, un pacte de responsabilité et de solidarité. » Il faut vite raccrocher.

19 heures 59 minutes et 59 secondes. Place au chef de l'État : « Mes chers compatriotes… »

La surprise est de taille. Le chef de l'État annonce une loi qui devra prévoir « moins de charges sur le travail, moins de contraintes sur les activités des entreprises et, en même temps, une contrepartie : plus d'embauches et plus de dialogue social ». Il faut que cette loi soit votée « au début de l'année 2014 ». Mais il ne donne pas davantage de détails. Du Hollande tout craché. Laisser infuser doucement l'annonce. Ce qui peut parfois donner une impression artisanale, comme si le texte n'était pas encore suffisamment ficelé.

On l'a oublié, à l'origine, le pacte de responsabilité, destiné à redresser la compétitivité des entreprises et à faire reculer le chômage, est couplé à un pacte… de solidarité en faveur du pouvoir d'achat des ménages modestes. Au total, initialement, près de 5 milliards d'euros de mesures doivent être prises d'ici à 2017. Il était notamment prévu de diminuer dès le 1er janvier 2015 les cotisations salariales versées par les salariés rémunérés au niveau du SMIC afin de leur procurer 500 euros par an de salaire net supplémentaire. Cette mesure, jugée contraire à la Constitution par le Conseil constitutionnel (décision du 6 août 2014), ne sera jamais mise en œuvre. Initiateurs de ce pacte, Aquilino Morelle et Emmanuel Macron. Devinez qui portait la responsabilité et qui portait la solidarité ?

Aujourd'hui, le volet solidarité n'est plus. « Le pacte, c'est Macron et moi », revendique Morelle, en colère de voir que les contreparties, depuis son départ, ont disparu. L'équilibre parfait, le donnant-donnant.

Ce pacte, François Hollande, on s'en doute, en revendique ouvertement la paternité. « J'aurais pu le mettre en place plus tôt, en novembre[1] », avoue le président. Mais l'atmosphère n'est pas propice : l'exécutif est englué dans l'histoire des bonnets rouges et de l'écotaxe. Ce mouvement réunit ouvriers, marins, agriculteurs, patrons, chômeurs. Une marée rouge qui, en cette fin d'année 2013, va secouer la Bretagne et le gouvernement. Ils réclament le maintien de la gratuité sur les autoroutes bretonnes, la suppression de l'écotaxe et le démontage des portiques servant à la collecte de cet impôt. Le gouvernement pliera et François Hollande doit admettre que le pays était à ce moment obnubilé par cette affaire. « Rien n'aurait été entendu, compris, concède-t-il. Le pacte, je l'imagine en octobre. Je me dis qu'il y a quelque chose à nouer, mais encore faut-il que le contexte s'y prête. » Patience est mère de toutes les vertus. Il décide d'attendre. Les vœux ? Parfaits pour l'effet de surprise. « Mon but n'était pas de faire une opération politicienne. Mon but, là, vraiment

1. Entretien avec l'auteur, 22 janvier 2014.

je le dis avec toute la franchise possible, si on ne crée pas un nouveau climat de confiance, d'optimisme, de mobilisation, de conviction qu'il y a d'autres solutions, on va être dans la croissance la plus raplapla possible en 2014 », avoue le chef de l'État.

En effet, fin 2013, les chiffres du chômage ne sont pas bons. Il faut donner un coup d'accélérateur. Contrairement à ce qu'il dit, François Hollande réalise un coup politique. Comme souvent, il est là où on ne l'attend pas. La droite est prise de court. S'il dément avoir voulu piéger l'UMP, sa gestuelle le trahit. Lors de notre rendez-vous, il se cale dans son fauteuil et pose ses mains sur son ventre, comme un enfant fier du coup qu'il vient de faire. Il fait mine d'être étonné. « La droite, elle me surprend toujours par ses divisions. Moi, quand j'étais premier secrétaire, tous les 31 décembre, je me les suis "tapés" (*sic*), je connais bien la formule. Je sais ce que c'est d'être opposant », confie-t-il, comme pour faire la leçon à ses adversaires. Le soir du réveillon de la nouvelle année, lui, en son temps, ne refusait jamais la moindre sollicitation médiatique.

Ce qui frappe, le lendemain, dans les commentaires, c'est qu'« il n'a rien dit », « il s'est répété ». L'opposition met plusieurs jours avant de comprendre. Les syndicats, eux, comprennent très vite ce qui est en train de se tramer. Ce 31 décembre

2013, Jean-Claude Mailly, le leader de Force ouvrière, manque de tomber de sa chaise : « Pour des annonces telles, qui ont un impact économique et social, aucun syndicat n'est associé ! » Après coup, il vérifiera. « Le MEDEF, lui, l'était. » Du jamais vu ! Inconcevable, « même sous Sarkozy », relève-t-il. C'est le troisième président qu'il côtoie (il occupe ce poste depuis 2004), et auparavant « nous n'avions jamais été mis sur la touche ». Invité à réagir à ces vœux et au pacte de responsabilité… et de solidarité dès le 31 décembre, il annonce que cela ne marchera pas : « Personne ne peut obliger une entreprise à embaucher. C'est du vent, de l'enfumage », répète-t-il en boucle partout où il passe. Les faits lui donneront raison. « La seule contrepartie proposée par Gattaz, c'est son pin's », renchérit son collègue de la CGT Philippe Martinez. Un pin's rectangulaire, arboré parfois par le patron du MEDEF, où s'inscrit en majuscules bleues sur fond moutarde : « Un million d'emplois ». On les attend toujours.

François Hollande, social-libéral ?

Il faut attendre un an pour que le pacte de responsabilité, véritable marqueur du virage social-libéral du quinquennat, commence à se concrétiser. Avec ses fameuses baisses de charges sociales pour les entreprises. Dans ses vœux pour 2015, un an après, François Hollande doit encore insister : « Aux entreprises maintenant d'embaucher et d'investir. C'est le sens du mot responsabilité, car notre obligation commune, c'est la lutte contre le chômage. » Le mot solidarité, lui, a véritablement disparu de sa bouche.

Pour beaucoup, le social-libéralisme part du constat qu'il n'est plus possible de compenser la pauvreté par la redistribution, ce qui était au départ le but avoué de François Hollande. Deux premières années de disette, les trois suivantes redistributives. Il s'était donné pour but d'empêcher l'apparition de la pauvreté par un bon système éducatif, un système de santé accessible à tous et une sécurisation de la flexibilité de l'emploi, aussi appelée flexisécurité. Ces trois points le distinguent du libéralisme pur et dur mais le fossé est mince. Impossible de savoir si François Hollande a théorisé de la sorte sa vision politique, ce social-libéralisme non assumé. C'est le grand regret de Marisol Touraine, qui pointe le fait qu'il ne s'est pas « assumé dès le départ ». Il fallait en effet d'emblée, selon elle, annoncer la politique de l'offre. « François Hollande, regrette-t-elle, a fait une campagne prudente. Mais il fallait rompre avec une culture de la gauche, rétive à la reconnaissance de la mondialisation, rétive à reconnaître que la compétitivité internationale, ce n'est pas faire injure à notre camp. » François Hollande se refusait-il à brusquer, par peur que ce soit interprété comme une sous-estimation de sa part pendant la campagne ? En nommant la politique qu'il voulait mener, peut-être a-t-il eu peur de s'enfermer dans un carcan, que le peuple de gauche comprenne très vite qu'il a été floué, et qu'il ne vote pas pour cette politique-là ? Le discours du Bourget n'aurait eu vocation qu'à susciter l'enthousiasme des électeurs. « Ça fait vingt ans qu'il floue le PS », répète à tue-tête à ses amis Arnaud Montebourg. Le président, alors simple député, a-t-il menti aux Français ? S'est-il menti à lui-même ? « Il montre son vrai visage, selon l'ex-ministre de l'Économie. J'aurais dû le savoir », ajoute celui qui a si longtemps affronté le président, avant de lui apporter son soutien à la primaire de 2011.

« Dans une campagne, il y a une part d'exaltation (...) que le discours du Bourget porte »

Alors, François Hollande, en arrivant au pouvoir, a-t-il enfin fendu l'armure pour mieux affirmer un visage social-libéral qu'il n'avait jamais fait connaître ? Ne comptez pas sur lui pour vous le dire franchement. Quoique... Il concède que le pacte de responsabilité et le discours du Bourget, l'emblème de ce qu'il y a de plus à gauche en 2012, n'ont pas la même résonance, ni la même portée. « Dans une campagne, il y a une part d'exaltation, de valeurs, de principes, que le discours du Bourget porte. » En campagne, l'image prime toujours sur la ligne. Les promesses sur les actes. C'est ravageur quand on se replonge dans le texte : « J'ai toujours suivi la ligne que je m'étais fixée », promettait-il ce dimanche de janvier 2012. « Il n'y a jamais, je dis bien jamais, une seule politique possible, quelle que soit la gravité de la situation », renchérissait-il peu après. Des phrases qui ont fait mouche à l'époque et qui font mauvais genre des années après.

« Commencé dans la virevolte, ce quinquennat finit dans la tourmente »

Le peuple de gauche tout entier serait-il tombé dans le piège ? Beaucoup de socialistes ont l'intime conviction que sa conversion relève plutôt de l'opportunisme. « Sa politique n'a pas marché, il s'en est rendu compte, insiste un ancien ministre plutôt à gauche. C'est ce que lui ont dit de nombreuses voix dans son camp, qu'il fallait revenir à l'essence même du Bourget. » Sauf que le président n'a pas gauchisé son discours, il est parti dans l'autre direction. Il n'en a fait qu'à sa tête. « Commencé dans la virevolte, ce quinquennat finit dans la tourmente », clamait-il à la tribune du Bourget, devant 20 000 socialistes revigorés, pour dénoncer le mandat en cours… de Nicolas Sarkozy.

6

Les prophéties autoréalisatrices

Et dire que cette promesse aurait pu ne jamais exister ! Peu de gens le savent, mais la fameuse annonce de lier son sort à la baisse du chômage a été faite en petit comité, lors d'un déjeuner avec les salariés de Michelin. Sous une tente, la pluie tombe à petites gouttes, la presse présidentielle, elle, n'a qu'un mot à la bouche : Morelle. Aquilino, le conseiller spécial du président, soupçonné d'une prise illégale d'intérêts entre ses activités à l'Inspection générale des affaires sociales (Igas) et une mission auprès des laboratoires pharmaceutiques, va en effet être expédié en moins d'une minute par le président dans l'après-midi.

Devant les salariés, les syndicats et la direction de l'usine de pneumatiques, François Hollande va se prêter à un jeu inattendu : se tourner vers l'élection de 2017. Cela fait à peine deux ans qu'il réside à l'Élysée et pourtant, le chef de l'État se lance dans la bataille. Le hic : les journalistes n'entendent pas cette annonce. Deux groupes ont été formés (des « pools », en jargon journalistique) : le premier (trois représentants) assiste au déjeuner et devra en référer à ses collègues (la grosse majorité) restés en dehors. Vers 12 h 30, quand, à sa table, micro en main, le chef de l'État clame ces quelques mots, en apparence anodins : « Si le chômage ne baisse pas d'ici à 2017, je n'ai aucune raison d'être candidat, ou aucune chance d'être réélu », le premier journaliste ne l'entend pas. Pour cause, il effectue un duplex. Le second, un journaliste radio, n'a pas entendu ; le troisième, agencier de l'AFP, lui, croit entendre une vague promesse mais ne s'en émeut guère sur le moment. Trois heures plus tard, le cas Morelle a été réglé froidement et sans peine par François Hollande, mais un doute subsiste. Et si… ? S'il avait vraiment lié son sort personnel à l'inversion de la courbe du chômage ? Christian Gravel le confirme : « Oui, le président a fait cette annonce. » Branle-bas de combat.

Certes, ce n'est pas la première fois que le président promettait une inversion de la courbe. La conditionner à son sort personnel, si. Dès la rentrée de septembre 2012, invité au journal télévisé de TF1, il prenait tout le monde par surprise en annonçant que « d'ici un an, la courbe du chômage serait inversée ». Une promesse répétée à maintes reprises, et notamment lors des vœux présidentiels du 31 décembre de la même année, et repoussée même de trois mois à cette occasion : « Toutes nos forces seront tendues vers un seul but : inverser la courbe du chômage d'ici un an, (...) coûte que coûte. » Coûte que coûte, et ça lui a coûté, effectivement ! Car les commentateurs n'ont que cet objectif en tête. « Il s'est lié lui-même les mains », regrette Jean-Marc Ayrault, qui a découvert cette annonce « comme tout le monde, devant sa télévision ». Il n'avait pas été mis dans la confidence qu'un tel engagement serait pris devant les Français et qu'il aurait la lourde tâche de le mettre en œuvre : « Un engagement concret sur une réalité, dont on n'a pas la maîtrise. » Le secrétaire d'État aux relations avec le Parlement abonde dans son sens. « La courbe du chômage, c'est totalement réducteur à côté de ce que vivent vraiment les gens. »

Mais François Hollande y croit dur comme fer. Et à la pertinence, et à la réalité de l'inversion. Outre le fait qu'il considère qu'il a toujours eu la baraka, il est d'un naturel optimiste et il essaie de l'insuffler aux Français. À force de répéter, contre toute évidence, que la courbe du chômage va s'inverser d'ici à la fin de l'année, François Hollande doit certainement croire aux vertus de la prophétie autoréalisatrice.

« Le retournement économique arrive »

Mais parfois, c'est la sortie de route. À être trop optimistes, les prophéties présidentielles ne fonctionnent pas toujours. Sur l'économie, le président répète en permanence que l'embellie arrive. Fin mars 2013, interrogé par David Pujadas sur France 2, le chef de l'État emploie à plusieurs reprises le terme « outil » pour défendre sa politique économique en matière de croissance et d'emploi. « Tous les outils sont là, dit le président au début de l'entretien. Ces outils vont maintenant être mis en œuvre (...). J'ai le devoir de faire sortir la France de la crise et donc je vais y mettre tous les moyens. Je vous ai dit, déjà, toute la boîte à outils. » En mai 2014, dans une interview au *Journal du dimanche*, il récidive : « Le retournement économique arrive. » Sa prédiction se révélera inexacte. L'année 2014 est catastrophique. « Annus horribilis », se rappelle Michel Sapin, propulsé ministre des Finances à la faveur du remaniement de mars de la même année. « Elle devait être l'année de la reprise, nos calculs le prédisaient. 2014, c'était l'année qui permettait de partir vers la seconde phase du quinquennat », se souvient son ami de régiment, d'ENA, de parti. Or la courbe du chômage, que le Bureau international du travail voyait s'inverser, repart à la hausse. Michel Sapin, ancien ministre du Travail, est jugé par certains comme responsable. « L'inversion, c'est Sapin », balance de but en blanc Jean-Marc Ayrault. Ce serait donc lui qui aurait mis dans la tête de François Hollande cette histoire d'inversion de courbe qui lui a valu les foudres des mathématiciens. En effet, une courbe ne s'inverse jamais, elle croît ou décroît. Mais le ministre des Finances assume pleinement les choix qui ont été faits. Tout en démentant : « Le terme inversion, je ne l'ai pas glissé à l'oreille du président. » Mais, en bon ami et fidèle lieutenant qu'il est, Sapin est prêt à être le « paratonnerre », s'il le faut. « Si vous voulez dire que c'est moi, faites-le. » Prêt à tout pour sauver le soldat Hollande, même à s'attribuer ses erreurs.

« Une pulsion intérieure »

Par ailleurs, il ne critique pas le président de s'être infligé cette sentence et ce boulet. « Il faut se mettre la pression », estime le ministre des Finances dans son bureau de Bercy avec vue sur la Seine. Un élément de motivation. « Peut-être la phrase la plus personnelle de François Hollande », peu prompt à exprimer ses sentiments, ses impressions, ses ressentis. Michel Sapin évoque « une pulsion intérieure ». Et finalement, cette courbe, est-ce que ça ne peut pas être aussi la porte de sortie rêvée pour lui, si jamais il sent que sa candidature va droit dans le mur ?

Mois après mois, le chômage repart à la hausse, bat des records, la courbe d'impopularité de François Hollande croît avec celle des demandeurs d'emploi. Puis vient l'embellie. Enfin. Celle tant espérée. Mars 2016. C'est une inversion claire de la tendance. Soixante mille chômeurs de moins en un mois, c'est une forte baisse, sans précédent depuis l'automne 2000. Le mardi 26 avril au soir, les socialistes fanfaronnent. François Hollande fait passer ce message : « Ne boudez pas votre satisfaction. Ce serait une erreur de dire que tout est réglé, mais profitez de l'instant. » C'est de là que vient le fameux gimmick « Ça va mieux », testé lors de l'émission sur France 2 *Dialogues citoyens*. Ça va mieux. La formule a été mûrement réfléchie et se trouve désormais au cœur de la communication d'un président soucieux de trouver un nouveau souffle auprès des Français et d'amorcer une improbable remontée dans l'opinion. Certains observateurs comparent la technique de François Hollande à la méthode Coué. Selon Thierry Saussez, ancien conseiller en communication de Nicolas Sarkozy, « la méthode Coué, c'est la motivation des énergies. Là, on est dans un optimisme béat. C'est tout ce qui reste à Hollande ». Au risque de verser dans l'exagération, voire l'arrogance, en se raccrochant à tous les signes partiels. Ce qui caractérise le PS quand il occupe le pouvoir : il pense marcher sur l'eau dès que surgit une bonne nouvelle sur le front économique. « Le melon est intrinsèque aux socialistes », formule ainsi une vieille amie du président. En 2002, le gouvernement Jospin, fort de ses bons résultats, était très vite tombé dans la suffisance. On connaît la suite. François Hollande tombe-t-il dans les mêmes travers ? Les derniers chiffres du chômage vont certainement l'obliger à un peu plus de retenue. Après deux mois de baisse continue et forte du chômage, celui-ci est reparti à la hausse (+ 0,3 %) au mois de mai et au mois de juin.

7

Lui président… pour de vrai

Au début de l'année 2016, François Hollande a fait une confidence étonnante à son ami Julien Dray : « Les attentats, c'est la seule fois où j'ai eu la paix. Je dirigeais la France sans être obligé de me demander si ma majorité allait me planter un couteau dans le dos. » Trois jours durant, le chef de l'État a été obligé de vraiment gouverner, en prenant les justes décisions. Sans tergiverser, il n'avait pas le temps. « On l'a laissé tranquille, il a pu être président, le défend Julien Dray. Il n'était pas à la merci d'une fronde parlementaire, d'une motion de censure de son propre camp. » Et, de l'avis même de tous ses détracteurs, ceux qui, y compris dans son propre camp, ne retenaient jamais leurs coups quand il s'agissait de juger la « présidentialité » du personnage : « Oui, il a été à la hauteur des événements ! » Justement, qu'est-ce qui a fait que, pendant quelques jours, le « premier secrétaire de la République » est devenu président, s'est hissé au niveau de la fonction ?

Début 2015. Exceptionnellement, le Conseil des ministres du premier mercredi de janvier a été avancé au lundi. Après les fêtes de fin d'année et une année 2014 catastrophique, François Hollande a tenu à montrer aux Français que son gouvernement se remettait au travail immédiatement. Deux jours auparavant, il affirme à la radio que, « très régulièrement, la France est menacée et démantèle des réseaux tous les mois. » Mais, ce matin du 5 janvier, la question est occultée par une actualité débordante et passe presque inaperçue. Le mercredi, il enchaîne les rendez-vous. À 11 heures s'installe dans son bureau le nouveau P-DG de Total, Patrick Pouyanné, qui a succédé fin octobre 2014 à Christophe de Margerie dans les conditions dramatiques que l'on connaît. C'est leur premier rendez-vous. Comme il le fait avec quasiment tous ses hôtes, il l'invite à s'asseoir dans le petit fauteuil style Empire et prend place en face. Il ne reçoit jamais, ou très rarement, assis à son bureau.

« Ils sont tous morts »

« Vers 11 heures, je suis informé qu'il y aurait eu un incident dont on ne connaît pas la gravité au siège de *Charlie Hebdo*, raconte le président. On m'informe juste qu'il y a eu des tirs, des blessés. » Quelques minutes plus tard, l'urgentiste Patrick Pelloux, un ami de longue date du président, appelle le secrétariat. « Il se trouve que la porte était ouverte, raconte Hollande. Le secrétariat me dit : "C'est Pelloux, c'est Pelloux." » Dans la voix de sa secrétaire, Yakobina, il sent un brin de panique et d'inquiétude. Le chef de l'État le rappelle immédiatement. Au téléphone, le médecin gémit, hurle : « Ils sont tous morts, ils sont tous morts… » Pelloux a l'air en état de choc. « Où es-tu ? » interroge le président. Il est visiblement dans la salle où les journalistes, ses collègues, sont morts et il n'arrive pas à lui expliquer « si lui-même y est comme journaliste ou comme médecin ». Le chef de l'État apprendra plus tard qu'il y était comme médecin, c'est lui qui a fait les premiers constats de décès. À l'autre bout du fil, Patrick Pelloux ne s'arrête pas de pleurer. « C'était horrible, je ne savais pas quoi lui dire et je ne comprenais pas ce qui venait de se produire. » Pelloux le prie d'arriver au plus vite. « Viens, viens tout de suite ! » Sa supplique ressemble à celle d'« un enfant qui vient d'assister à un drame et dont les parents viennent d'être assassinés sous ses yeux ». Illico, François Hollande appelle ses services de sécurité, leur demande d'organiser le déplacement dans le 11ᵉ arrondissement, sans s'inquiéter du risque. La sécurité du chef de l'État, déjà pointée du doigt pour quelques errements, tique. Les premières informations qui parviennent font état d'un véritable carnage. Mais un ordre reste un ordre. Curieusement, l'animal politique à sang froid donne l'impression qu'à ce moment ses actions sont motivées par les émotions. Il ne réagit pas en tacticien. Quinze minutes plus tard. Le président arrive sans peine rue Nicolas-Appert. Le ministre de l'Intérieur est sur place, devant les locaux, au pied de ces vieux hangars réaménagés, faisant fi des menaces qui planent sur sa personne ; peut-être est-ce un piège tendu par les terroristes ? La zone n'a pas encore été totalement sécurisée. « Je fais quelques centaines de pas, ce qui pouvait représenter un risque, concède-t-il. Mais dès lors que Pelloux a lancé ce cri, je me dois d'y aller. » À l'instant présent, la dangerosité ne l'interpelle pas. « Il y avait suffisamment de forces de police, je préviens les services d'être là quand je vais arriver et ils m'accompagnent en bloc. » Le risque est minime. Il en est persuadé. « Rétrospectivement, on aurait pu se dire qu'il aurait pu y avoir des gens autour qui auraient pu frapper. » Il fera cet aveu un mois plus tard[1]. Sur le coup, il n'a rien mesuré, et le justifie ainsi : « J'y serais quand même allé dès lors que Pelloux me confirmait qu'il y avait plusieurs morts dans

1. Entretien avec l'auteur, 14 février 2015.

la rédaction. Je considérais que de ne pas y aller était plus grave que d'y aller en prenant quelques risques. » On le sait, depuis son arrivée à l'Élysée, il n'a jamais vraiment intégré les problématiques de sécurité l'entourant. Braver à nouveau le danger. S'est-il dit que, politiquement, il fallait y aller ? Lui-même sans doute ne le sait pas.

Jeannette Bougrab saute presque sur le président

Patrick Pelloux sort subitement de l'immeuble, se jette sur Hollande, se pend presque au cou du président, « comme s'il voulait rentrer dedans », raconte un témoin de la scène. Il répète une nouvelle fois : « Ils sont tous morts, ils sont tous morts ! » Puis il pousse des hurlements. Pas des mots, juste des cris. « Un truc continu, animal », se souvient un témoin, qui a glacé le sang de toutes les personnes autour et a semblé durer des minutes entières. Derrière lui, les blessés sont évacués. Quelques instants plus tard, l'avocat Patrick Klugman, adjoint à la mairie de Paris, arrive à son tour et devant l'assistance balance sans aucun tact : « Charb est mort. » Déboule soudainement, telle une furie, une femme. Petite, brune, éplorée. Elle saute presque sur le président, avec les poings fermés, tente de le frapper, de l'atteindre, comme si elle le tenait pour responsable du drame. Elle s'écroule à ses pieds. Les services d'ordre présidentiels, déjà nettement sur les dents, restent statiques, figés. C'est Jeannette Bougrab. « Je l'avais vue sans faire le rapprochement. Je me dis : “Mais qui est cette femme ?” Je ne l'avais pas reconnue, elle ressemble à Bougrab. » Hormis les personnes dans la confidence, personne ne comprend la présence de l'ex-secrétaire d'État de Sarkozy sur les lieux.

L'ex-patron du journal a été assassiné, on informe le président et ses proches que Bernard Maris a lui aussi succombé à ses blessures. Le chef de l'État décide de prendre la parole, s'avance vers la presse massée à l'angle de la rue Nicolas-Appert et du passage Sainte-Anne-Popincourt.

« Pour moi, pour ma génération, c'est mon histoire »

François Hollande regagne l'Élysée, il vient d'annoncer une réunion d'urgence à 14 heures au palais. Une tristesse l'envahit : « Je connais au moins quatre ou cinq des victimes, Bernard Maris notamment, Charb, sans avoir de relation particulière. » Son cœur se serre, il repense au moment où il a reçu Charb et toute son équipe à l'Élysée pour un déjeuner. Dans son siège, à l'arrière de sa voiture, alors qu'il traverse Paris, sirènes hurlantes, il se rappelle *Charlie Hebdo.* « Pour moi, pour ma génération, c'est mon histoire. C'est l'histoire de 68 donc c'est vrai que ça m'envahit de penser que des amis, je ne peux aller jusque-là, des proches, plutôt, qui ont accompagné toute cette génération que je représente et d'autres qui m'ont succédé, qu'ils meurent ainsi, c'est terrible[1]. » D'autant que lui, alors qu'il était simple député, patron de l'opposition, avait témoigné au procès de *Charlie*. Un aveu plutôt curieux car il revendique un ancrage personnel. Si ça n'avait pas été sa génération, aurait-il réagi de la même manière ? Quoi qu'il en soit, il s'est senti touché personnellement. « Ça m'arrive à moi, mais ça arrive à la France », se souvient-il avoir pensé. Lors des attentats de novembre, quand il se rendra au Bataclan peu après la fin de la prise d'otages, il confiera qu'en découvrant les victimes des terroristes il a pensé à ses enfants. Une forme d'identification qui a régi ses actes dans de pareilles circonstances.

Au moment de *Charlie*, la sénatrice PS Frédérique Espagnac ne doutait pas que François saurait faire front. « Dans sa carrière politique, le sursaut est souvent venu de lui. *Charlie*, c'est ainsi la combinaison des événements et sa capacité à être exceptionnellement exemplaire », poursuit-elle.

1. Entretien avec l'auteur, 14 février 2015.

Au moment de *Charlie*, « il est juste dans ses paroles, dans ses gestes, dans ses comportements. » Le secrétaire d'État Jean-Marie Le Guen, qui le fréquente depuis longtemps au parti, renchérit : « Chaque fois qu'il est sous des contraintes, qu'il est au pied du mur, sa réaction est réussie. Mais à l'inverse, ce n'est pas un politique visionnaire et on peut le regretter. » À l'international, on a vu qu'il savait gérer les situations de crise. Pour preuve, la décision de soutenir le Mali. Espagnac s'en est vite rendu compte : « Le Mali, c'est un tournant en soi. » Les Français constatent que François Hollande, chef des armées, sait trancher. « Dans ces moments de crise, il a l'action juste, la parole juste, le comportement juste. » Comme, en janvier 2013, lorsque le président de la République décide d'envoyer des troupes de l'armée déloger les combattants d'AQMI (Al-Qaida au Maghreb islamique), dans le nord du pays. Pour le Mali, la Centrafrique ensuite, voire au moment de bombarder l'Irak et la Syrie, le si peu martial candidat de 2012 s'est transformé en chef d'État sans aucun état d'âme sur le plan militaire. Le chef de guerre a essayé de faire oublier le chef de l'État. C'est ce président-là dont David Revault d'Allonnes a brillamment brossé le portrait[1]. « Homme politique

1. David Revault d'Allonnes, *Les Guerres du président*, Le Seuil, 2015.

tout en rondeurs et en compromis, il s'est toujours refusé au rapport de force direct, lui préférant l'art de l'esquive et l'évitement, détaille le journaliste du *Monde*. À l'usage du pouvoir, il se révèle un chef des armées sans complexes et sans remords, déclenchant sans ciller interventions extérieures et opérations des services secrets, bousculant volontiers les militaires afin d'obtenir des résultats politiques. » Ce livre raconte la face cachée et martiale, inattendue, du président. Est-ce vraiment lui ou est-ce une posture de circonstance ?

Un député hollandais se montre plus critique : « Hors attentats, François est un chef de l'État qui brille à l'international mais qui a du mal à prendre des décisions au national. » Au quotidien, il ronronne. Or, ici, il n'a pas le droit à l'erreur, sa main ne doit pas trembler. « Il ne réfléchit pas, il prend des décisions quasi immédiates », fait remarquer un visiteur du soir. Un couac, une faute d'appréciation et tout le pays peut basculer.

Le président se rend à l'Hôtel-Dieu, en plein cœur de Paris, près de la cathédrale Notre-Dame. « Je vais voir les familles et les survivants. » Il y retrouve Pelloux mais ce qui le marque surtout, ce sont ces femmes éplorées et bouleversées. « Elles ont vu les tueurs et ils les ont épargnées parce que c'étaient des femmes », insiste-t-il. Seule la psychiatre et psychanalyste Elsa Cayat a été tuée par les Kouachi. Ces femmes sont à la fois effrayées et en même temps surprises d'être encore en vie. Elles lui disent qu'elles ne pourront pas continuer à faire leur travail : « On ne pourra plus continuer à faire *Charlie*, ils ont gagné. » Il y a cette interrogation : « Ils ont donc gagné, ils ont tué les nôtres et l'espoir de refaire notre travail de presse. »

Ses intonations rappellent de Gaulle et Mitterrand

Retour à l'Élysée. La plupart des pays amis cherchent à joindre le président pour faire part de leurs condoléances. La seule préoccupation demeure d'arrêter les terroristes. Pour autant, la cellule diplomatique du palais tente de répondre à toutes les sollicitations. Le conseiller diplomatique et sherpa du président, Jacques Audibert, est dépassé par toutes ces demandes. « Impossible de répondre à tous. » Le Quai d'Orsay apporte son aide. L'interprète officielle détachée par le ministère des Affaires étrangères est rappelée fissa à l'Élysée. Il faut faire le tri. La sélection est opérée par Hollande et son sherpa. « D'abord, les plus proches », demande le chef de l'État. Vers 17 h 45,

François Hollande joint David Cameron. Il fait d'une pierre deux coups, car Angela Merkel, en déplacement à Londres pour une réunion du prochain G8, est aux côtés du Premier ministre britannique. « François, termine-t-il avec son accent british, je te passe Angela. » À l'autre bout du fil, la chancelière semble très émue. Avec toute la sincérité que le président lui connaît, elle lui propose son aide. « Quelle que soit l'initiative que tu prendras, je serai à tes côtés. »

Vers 19 heures, Barack Obama se joint aux hommages. Le président américain appelle de son avion Air Force One. « Ce qui vous arrive est terrible. Je veux marquer mon soutien le plus grand à la France et la solidarité autour de nos valeurs communes : la démocratie et la liberté d'expression. » Toutes ces marques d'attention « émeuvent » François Hollande. Il lui répond que « la France a été attaquée par des terroristes » et que « les auteurs ont des liens avec Al-Qaida ». Une précision qui n'est pas anodine quand elle est apportée à un homologue américain. Et *a posteriori*, elle démontre que le logiciel est toujours bloqué au 11 septembre 2001.

Avant 20 heures, le président décide de s'adresser à nouveau aux Français. À drame sans précédent, prise de parole politique exceptionnelle. Car, contrairement à l'usage qui veut souvent que ses discours soient en léger différé, cette fois, il s'adresse à la nation en direct de l'Élysée. Avec émotion et gravité, François Hollande décrète trois jours de deuil national et annonce la mobilisation conjointe des principaux représentants politiques du pays. « C'est la République, c'est le pluralisme, c'est la démocratie. C'est ça qui a été visé, s'offusque-t-il. Notre meilleure arme, c'est notre unité. » Il enchaîne avec une anaphore. « Rien ne peut nous diviser, rien ne doit nous opposer, rien ne doit nous séparer », avant d'annoncer qu'il réunira les présidents des deux assemblées ainsi que « les forces représentées au Parlement pour montrer notre commune détermination ». Les Français, habitués aux communications intempestives, découvrent un président rassurant. Mais il surprend par sa capacité à se glisser dans le rôle du chef de l'État, du père de la nation qui rassure. Il y a du de Gaulle ou du Mitterrand dans ces interventions. À l'ancienne. Pas le filtre des communicants. La politique. Rien que la politique.

Le nom de Sarkozy est enregistré sur le téléphone présidentiel

Quand il remonte à son bureau, Hollande veut (doit ?) s'entretenir au plus vite avec Nicolas Sarkozy. Il reste toujours obnubilé par son ex-adversaire de la présidentielle et rêve d'un match retour. L'associer à ce moment précis, c'est le faire rentrer dans le jeu. Peu avant 22 heures, dans son bureau, François pianote le numéro de celui qui a précédemment occupé les lieux. Surprise, « le nom de Sarkozy apparaît ! » s'exclame l'actuel président. Il a semble-t-il été mis en mémoire entre 2007 et 2012 et jamais retiré depuis. Malgré l'émotion, la gravité du moment, tous autour de François Hollande ne peuvent s'empêcher de rire. Nicolas Sarkozy est convié à l'Élysée par l'actuel chef de l'État le lendemain matin. En tant qu'ex, il bénéficiera d'une cérémonie comme il le désire. Gardes républicains, accueil au bas des marches. Il ne veut pas être traité comme un vulgaire chef de parti mais comme un homme d'État. Lui aussi raisonne politiquement. François Hollande accepte sans sourciller.

En même temps que le rendez-vous entre l'ex-président et son successeur est pris, le comité d'organisation politique commence à esquisser les contours du rassemblement. Autour de la table, tous les partis de gauche, « y compris leurs composantes satellitaires et quelques groupuscules », sourit François Lamy. Au cours de cette réunion à laquelle sont conviés tous les partis, hormis le FN, les organisateurs voient débouler pour Les Républicains Frédéric Péchenard et… Brice Hortefeux. L'ex-ministre de l'Intérieur a été chargé par Nicolas Sarkozy de superviser, au nom de l'opposition, les discussions. Il arrive dans un autre monde, interloqué. Pince-sans-rire, à peine assis, il se penche vers François Lamy : « Mais qui sont tous ces gens autour de la table ? »

La discussion s'engage. Il est décidé quasi unanimement que la présence du Front national n'est pas souhaitée. François Lamy reçoit alors un petit papier adressé par Brice Hortefeux. « Ce n'est pas la position du président », est-il écrit. « Lequel ? » rédige au-dessous Lamy. Hortefeux sourit. Le député socialiste fait de nouveau parvenir quelques lignes : « Désolé, je n'ai pas reçu de consignes. » Le cas du Front national est réglé. Pour l'instant. Toutes les composantes présentes, qui vont de l'extrême gauche au parti Les Républicains, tombent rapidement d'accord sur le caractère unitaire. Dignité, silence, respect. Pas de banderoles, des partis. « Ça tombe bien, nous, on n'a plus les moyens de se payer des banderoles », lâche Hortefeux. Hilarité générale.

Les différents messages qui parviennent à la cellule diplomatique de l'Élysée ou au Quai d'Orsay laissent croire que tout le monde veut en être. « Au départ, on commence à évoquer une marche européenne. Sur le format, ma position est pragmatique, vient qui veut », poursuit le sherpa de Hollande. Jean-Pierre Jouyet appelle Jean-Claude Juncker, le président de la Commission européenne. « Le feu de cheminée commence à prendre progressivement. » François Hollande est joint par Ban Ki-moon, qui l'assure de sa présence, s'il en a besoin. Ibrahim Boubacar Keïta, le président malien, s'apprête à commémorer les deux ans de l'intervention française au Mali.

« Marine Le Pen n'a pas sa place au sein du cortège »

Le Parti socialiste, le Parti communiste français, Europe Écologie-Les Verts, le Mouvement républicain et citoyen, le Parti radical de gauche, le Parti de gauche, l'UMP, l'UDI et le MoDem se sont mis d'accord sur une « marche républicaine et silencieuse » de tous les partis républicains. Le FN n'est pas formellement convié, malgré la volonté à l'origine de Marine Le Pen d'y participer.

Le soir même, alors que la traque se poursuit, François Hollande ne perturbe pas son agenda. Il trouve le temps de se rendre vers 23 heures au dîner organisé en hommage à François Mitterrand. Comme tous les 8 janvier, jour de la mort de l'ancien chef de l'État, depuis dix-neuf ans, il retrouve au restaurant de poisson *La Cagouille*, l'une des tables favorites de l'ancien président, dans le 14e arrondissement de Paris, une vingtaine de convives autour du clan Mitterrand.

Mazarine Pingeot, Jean-Christophe et Gilbert Mitterrand. D'anciens collaborateurs, des amis. Anne Lauvergeon, Jack Lang, Hubert Védrine ou encore Pierre Bergé. Le président, entouré par une myriade de gardes du corps sur le qui-vive, apparaît serein et décontracté. Il prend le temps de débattre avec les convives, notamment de la présence du Front national au sein du prochain défilé dimanche. Un participant raconte que, sur ce point, « le chef de l'État admet que Marine Le Pen n'a pas sa place au sein du cortège. » Malgré le drame qui se noue, il garde un œil sur les querelles politiciennes.

Ça tombe bien. Le lendemain matin, la présidente du FN est attendue à l'Élysée, comme chef de parti représenté au Parlement. « Vous ne voulez pas de moi dans la manif, dites-le », attaque la patronne du Front national. Le président ne lui répond pas directement : « Si vous voulez, vous serez protégée. » Elle lui paraît « désarçonnée. » Là encore, les prémices de la bataille de 2017 se mettent en place et le président en abuse pour tenter de prendre le dessus. À la sortie, elle ne s'en laisse pas conter et en profite pour tenir une conférence de presse dans la cour de l'Élysée. Elle annonce le refus du président de voir son parti participer à la marche républicaine de dimanche. Par la même occasion, elle fait un énorme lapsus que peu de monde relève. Exclure sa formation,

« c'est bafouer un parti arrivé en tête à l'élection présidentielle ». Sûrement voulait-elle parler des dernières élections européennes, où, effectivement, le FN est arrivé largement en tête. Elle décidera finalement de défiler à Beaucaire, dans le Gard, avec ses soutiens et s'exclura d'elle-même.

Peu rodé à ce genre de manifs, le chef du protocole panique, se rend compte de la démesure de l'événement. Il se réfugie à la chefferie de cabinet, pour y récolter quelques conseils. Isabelle Sima, Frédéric Monteil, les proches historiques et corréziens du président, en connaissent un rayon en matière de manifestations. « Gère ça comme une manif, pas avec les contingences protocolaires, Laurent », lui conseillent-ils. Organiser une manif ou y participer, le chef du protocole ne l'a jamais fait.

« Monsieur le président, vous êtes le seul à pouvoir prendre cette responsabilité »

Un nouveau drame se noue avec la prise d'otages à l'hypercasher de la porte de Vincennes. Pendant quatre heures, le président s'enferme dans son bureau avec ses ministres, Manuel Valls, Bernard Cazeneuve, Christiane Taubira. Le chef de l'État supervise les opérations, donne des consignes, interpelle ses interlocuteurs. Peu avant 17 heures, il prend la parole. « Soit nous donnons une chance à la négociation » – l'avocate de Coulibaly est attendue porte de Vincennes –, « soit nous donnons l'assaut ». Chacun des ministres est invité à exprimer sa position par François Hollande. Étonnamment, il leur demande leur avis, comme s'il était incapable de décider seul, en son âme et conscience. Manuel Valls prend la parole en dernier : « Monsieur le président, s'agissant d'une décision aussi grave, vous êtes le seul à pouvoir prendre cette responsabilité. » Le chef de l'État sera devancé par les événements. Les Kouachi sortent subitement de l'imprimerie pour faire feu. Du tac au tac, François Hollande est obligé de décider de l'assaut. Il faut alors déclencher immédiatement celui de la porte de Vincennes pour surprendre Coulibaly et que ce dernier ne voie pas sur les images des télévisions l'assaut plus au nord. Peu après 17 heures, celui-ci est donné à Dammartin, puis quasi simultanément à l'hypercasher. Le cauchemar se termine.

« Dimanche je serai avec eux »

« Je ne suis pas vraiment soulagé, réagit le chef de l'État, mais je suis satisfait, c'est terrible à dire, du dénouement. » Pourtant, Coulibaly a tué quatre personnes dans l'hypercasher avant l'assaut. « Mais, en même temps, les ordres qui ont été donnés, la manière dont ils ont été exécutés font qu'il n'y a eu "que" quatre morts », plaide Hollande, alors que la crainte tout au long de l'après-midi, c'était qu'il fasse un massacre des otages présents dans le magasin. De ce point de vue, oui, je suis soulagé que l'opération se termine, comme elle s'est terminée de manière exceptionnellement surprenante. »

Pas d'effet, pas d'accolade. Ce n'est pas le genre de Hollande. Il prend son téléphone et appelle les chefs de la police et de la gendarmerie qui étaient sur les deux sites, puis comprend qu'il est à nouveau temps de « parler aux Français ». Il demande à son ministre de l'Intérieur de se rendre porte de Vincennes pour remercier la BRI, le RAID et les secours. Curieusement, il ne souhaite pas s'y rendre. « Une erreur, alors que cela aurait été valorisant », relève-t-on au cabinet d'Anne Hidalgo, qui, elle, est accourue dans l'Est parisien. Il prépare seul son allocution, qui sera retransmise en direct sur toutes les chaînes. Certainement une des plus importantes interventions du quinquennat. Il appelle une nouvelle fois à l'unité, « notre meilleure arme », et incite les Français « à lutter contre tout ce qui pourrait (les) diviser, et d'abord à être implacables contre le racisme, et l'antisémitisme, car aujourd'hui, dans ce magasin casher, c'est un acte antisémite effroyable qui a été commis. » Il en profite pour confirmer sa présence à la marche dominicale. « De nombreux chefs d'État et de gouvernement ont voulu du monde entier nous exprimer leur solidarité. Plusieurs m'ont fait savoir qu'ils seront là lors du grand rassemblement de dimanche. Je serai avec eux. »

Vers 22 heures, il est temps enfin de fixer le cadre de ce grand rendez-vous. Il reste à peine trente-six heures pour faire de cette marche l'un des événements phares du quinquennat. Dans le salon vert de l'Élysée, qui sépare celui du chef de l'État et celui de son secrétaire général, tous les collaborateurs du président dînent autour d'un plateau repas. « Cette marche doit être pour les familles, les Français et le monde. Simplicité, sobriété, silence, préconise François Hollande. Je veux une marche populaire, la politique doit prendre le moins de place possible. »

Durant ces deux jours, François Hollande a donné toute latitude à ses équipes pour organiser cet événement d'ampleur, bien obligé de leur faire confiance dans l'urgence. L'Élysée s'apprête à accueillir une farandole de chefs d'État et de gouvernement. La liste est encore imprécise. En coulisses, les cellules diplomatiques sont débordées. « Vient qui veut, se rappelle Jacques Audibert. Quand vous improvisez, les gens sont peu regardants. » Tous les Européens veulent en être. Les pays africains (Algérie, Tunisie, Sénégal, Mali) ne rateraient ça pour rien au monde. « Contrairement à leurs voisins des Émirats, le roi et la reine Rania de Jordanie ont accepté sans sourciller de venir à Paris. La Tunisie a envoyé son Premier ministre. L'Arabie saoudite et le Qatar décident de n'envoyer que des dignitaires de second rang : un frère de l'émir Cheikh Tamin Ben Hamad al-Thani pour Doha ; et Nizar al-Madani, le numéro deux de la diplomatie de Riyad. Reste un problème de premier ordre. Et non des moindres. Comment agir avec Israël et la Palestine ? Pas question que la marche se transforme en sommet Camp David. La veille au soir, au téléphone, Benyamin Netanyahou avait apporté son soutien à François Hollande, qui lui avait fait part de sa tristesse après la mort de quatre Juifs. Les Israéliens se tâtent, surtout que les conditions de sécurité, véritable obsession, les effraient. Pourtant, le ministre des Affaires étrangères Avigdor Liberman annonce, sans prévenir qui que ce soit dans son pays, sa venue à Paris. En pleine campagne législative, Netanyahou ne veut pas se laisser distancer par son rival ultranationaliste et décide aussitôt d'en être. Laurent Fabius essaie bien de décourager le Premier ministre israélien en lui rappelant à nouveau que « c'est pas facile, sur les conditions de sécurité ». « Bibi » (surnom de Netanyahou) lui répond : « Des Juifs sont morts, je veux être là, je veux être solidaire. » « Difficile de dire non, avoue François Hollande. Appelez Abbas », demande illico le président français.

À Ramallah, Mahmoud Abbas dort déjà (il y a une heure en plus). « C'est un vieux monsieur, sourit Audibert en racontant cette anecdote. François Hollande lui lâche instantanément : “Bon, tu viens demain”. » Pas une question, quasiment un ordre. Version confirmée par Hollande lui-même, qui n'a pas eu besoin de dire à Abou Mazen que Netanyahou serait de la partie. « Il a compris tout seul », rigole-t-il. « Vous n'avez peut-être pas d'avion. Comment allez-vous faire ? Je peux en mettre un à votre disposition. – Non, pas besoin », assure son homologue palestinien.

« Sarkozy ne peut pas s'en empêcher »

Dimanche 11 janvier. Il fait glacial sur le perron. Pour éviter qu'il n'attrape froid, la soufflerie à l'entrée de l'Élysée, derrière les deux portes vitrées, a été allumée. François Hollande a mis son manteau, qu'il enlève très vite. Les invités se succèdent, un mot, un sourire, parfois une accolade ; Angela Merkel pose son front sur l'épaule de François Hollande. Les anciens présidents français ont tous été conviés. Seuls Jacques Chirac, pour des raisons de santé, et Valéry Giscard d'Estaing, qui fuit autant que possible l'Élysée depuis 1981 (il y est revenu le 15 juin 2004 pour recevoir son agrément à l'Académie française), ont décliné l'invitation. Certainement pas Nicolas Sarkozy. Quand il débarque à l'Élysée avec Carla Bruni, l'ex-président demande à rester plus longuement sur le perron pour attendre les anciens Premiers ministres de droite. Balladur, Juppé, Fillon, Raffarin, mais pas Dominique de Villepin, qui réussit à échapper à la photo. Il est déjà dans la salle des fêtes, en train de discuter avec les dirigeants présents. Il a gardé de bons contacts depuis son passage au Quai d'Orsay. Les appareils photos crépitent. Une photo pour l'opposition. François Hollande ne peut se retenir d'esquisser un sourire en assistant au cinéma de son ancien adversaire, se penche vers Laurent Fabius : « C'est incroyable, vraiment il ne peut pas s'en empêcher. » Quand Claude Bartolone arrive à son tour sur le perron, le président est surpris par la mine déconfite du président de l'Assemblée nationale : « Que se passe-t-il, c'est la manif qui te fait peur, Claude ? » demande Hollande, qui connaît très bien Barto. « Non, je rentre de Seine-Saint-Denis, où on a rendu hommage à Mohamed Merabet [le policier abattu sur le boulevard Richard-Lenoir par les frères Kouachi], c'était très dur. » Ni une, ni deux, le chef de l'État lui rétorque : « Préviens mes équipes, après la marche, on va ensemble voir sa famille à Livry-Gargan. »

14 heures quasi pétantes. L'heure du départ. « Allez, on y va », prévient Hollande. Tous les dirigeants, ambassadeurs, ministres sont répartis dans des bus. Personne ne râle, personne ne bronche. « Même Ségolène », rigole un membre du cabinet élyséen. Dans le bus, Netanyahou ne fait pas le fier. Il s'inquiète et demande en anglais : « Les vitres sont blindées ? Elles sont teintées ? On ne va pas nous voir ? » François Hollande, hyper-détaché, lui répond : « Oui, oui, t'inquiète. Allez, installe-toi. » À quelques encablures de la rue du Chemin-Vert, la foule se fait de plus en plus compacte. Premiers applaudissements, une *Marseillaise* est improvisée. Netanyahou bondit : « Ils nous voient. » Sourires dans le bus. Près de lui, le président du Niger Mahamadou Issoufou ne cesse de répéter : « Ils sont gentils, les gens. » Quelque chose d'unique est en train de se produire. À l'arrivée, les fenêtres aux alentours sont fermées pour des raisons de sécurité. Au moment où elles s'ouvrent, les policiers sont pris au dépourvu. Le public acclame ce G50. Un drapeau allemand est déployé sur une façade. Angela Merkel n'en croit pas ses yeux.

La première ligne est en position. François Hollande n'a qu'une seule exigence : avoir à ses côtés Angela Merkel et Ibrahim Boubacar Keïta, dit IBK, le président malien. Laurent Stefanini a bien essayé de les ranger dans l'ordre protocolaire, mais a très vite abandonné cette idée. Ils devaient être dix au départ. Finalement, c'est un attelage hétéroclite. La reine Rania, des présidents africains, la maire de Paris, Anne Hidalgo. Tous unis. Quasiment bras dessus, bras dessous pour dire non au terrorisme. Évidemment, les services d'ordre sont sur les dents. « On est tellement agglutinés, s'amuse Claude Bartolone, qu'on peut sentir les armes des officiers de sécurité contre nous. »

« Je n'ai pas vu le petit jeu de Sarkozy »

Le silence va marquer tous les acteurs de cette incroyable scène. Pas de cris, de hurlements, ni de chants dans les rues. Juste le bruit des hélicos, le crépitement des flashs des photographes. Vers 15 h 30, le G50 prend la pause pour la fameuse photo. François Hollande, qui est habitué aux manifs, demande à tous ses homologues de se prendre par le bras. Nicolas Sarkozy joue des coudes pour parvenir dans les premiers rangs et se faire immortaliser sur la photo. « Très honnêtement, je n'ai pas vu le petit jeu de Sarkozy pour se rapprocher », jure François Hollande. Claude Bartolone s'esclaffe : « Vous rigolez, c'est pas vrai. On s'en est tous rendu compte et il a même souri quand il a vu le petit cinéma de Sarko. » Le président français adressera la photo à chacun des invités, avec une dédicace. Deux cent cinquante photos de ce type ont été tirées. François Hollande a la mine grave, Angela Merkel regarde sur le côté. La combinaison des deux fait mouche. Tant pis si des branches masquent le visage de David Cameron, le Premier ministre britannique. Devant, les VVIP s'apprêtent à remonter dans leurs bus respectifs, conscients qu'ils ne revivront certainement jamais un moment pareil. Netanyahou, si inquiet tout au long du parcours, et même avant, se lâche et irait bien s'offrir un bain de foule. « Mais je retiens sa fougue », se souvient François Hollande. Seuls les Américains manquent à l'appel. Barack Obama a témoigné à de nombreuses reprises son affection à la France. Mais, dans le cortège, pas un représentant. Interdiction formelle et stricte du Secret Service. « Obama aurait pu venir là, à Paris, mais ne pas défiler, c'était impossible, confie François Hollande pour le défendre. Il n'allait pas me dire : "J'ai peur, je reste là", alors qu'il n'avait pas peur. »

Le président français s'éclipse vite dans sa voiture. Direction Livry-Gargan pour rencontrer la famille de Mohamed Merabet. Puis la synagogue. Vers 21 heures, quand il rentre à l'Élysée, le passage de ce G50 a été effacé. Durant ces quatre jours, « on n'a rien saisi du tout, c'est la situation qui nous a saisis », avoue-t-il.

8

Le péril jeune

« Les trois mille de la République, c'est pas les 4 millions du 11 janvier. » Un an et demi plus tard, la marche reste l'aune à laquelle il juge Nuit Debout. François Hollande sourit, fier comme un coq, de sa comparaison, un bon mot. Pourtant, quelques minutes plus tôt, au cours d'un déjeuner de presse, il a salué le mouvement lancé le soir du 31 mars sur la place de la République à Paris. « Ces jeunes viennent chercher une ambiance, un besoin de participation. » Dès le départ, il n'a pas détourné le regard : « Il fait venir des jeunes qui ne seraient jamais allés dans une réunion politique. » Un Podemos à la française ? « Certainement pas, ce n'est pas une alternative à la gauche », lâche, sûr de lui, le maître des lieux.

Alors, bien entendu, Nuit Debout n'incarne pas la jeunesse française dans son entier, mais les centaines de jeunes (et moins jeunes) présents chaque soir près du cœur de Paris représentent la génération des déçus du hollandisme. Les jeunes ont la rancune tenace, et on les comprend.

Ils ont conservé en tête cette promesse de 2012 faite par le candidat socialiste. Une promesse, marquante, « que dis-je, un objectif, ce seul objectif », s'égosille-t-il à la tribune du Bourget. Encore et toujours ce fichu discours qui, tel le sparadrap du capitaine Haddock, ne cesse de lui rester accroché. « Est-ce qu'au terme du mandat, qui me sera, si les Français le veulent, confié, est-ce que les jeunes vivront mieux en 2017 qu'en 2012 ? » Le candidat martèle vouloir « être évalué sur ce seul engagement, sur cette seule vérité, sur cette promesse ».

Du Bourget à la loi El Khomri, déclencheur du mouvement jeune et *de facto* de Nuit Debout. Quatre années où les liens entre le candidat de la jeunesse et cette même jeunesse se sont distendus. Le point d'orgue, c'est la loi travail. Une loi qui, à grand renfort de communication, sera présentée comme voulant favoriser l'entrée des jeunes dans le monde du travail. Très vite, ces derniers sont vent debout contre l'assouplissement des motifs de licenciement économique et ont du mal à comprendre que licencier plus facilement favorise *in fine* la création d'emplois. « En diminuant leurs droits, cette loi ne fait que renforcer chez les jeunes un sentiment d'instabilité alors qu'ils cumulent déjà les emplois précaires et auront l'impression demain, s'ils sont engagés en CDI, de l'être pendant plusieurs mois… en période d'essai », souligne le sociologue du travail Guy Friedmann.

François Hollande a peur des mouvements de rue

Et la crainte la plus forte de François Hollande va se produire : un mouvement des étudiants, des lycéens dans la rue. Trivialement, on les résume ainsi : « Un mouvement étudiant ou lycéen, c'est comme le dentifrice. Vous pouvez le faire sortir du tube mais vous ne pouvez plus le faire rentrer. » Il fut un temps où lui-même, premier secrétaire, défilait dans les cortèges, il était l'un de ces manifestants. Même s'il n'a jamais été révolutionnaire, il a longtemps été adhérent à l'Unef, lorsqu'il étudiait à Sciences Po. D'expérience, le président sait que, sous le coup de l'émotion, lorsqu'un mouvement de ce genre se déverse dans la rue, il n'est jamais facile de le ramener à la raison, qu'un mouvement de jeunes peut dégénérer et conduire à des drames. Et les débordements peuvent faire basculer le pouvoir. Plus que pour François Hollande, pour n'importe quel gouvernement, un mouvement de la jeunesse, c'est un cauchemar. « C'est propre à tout exécutif », analyse le député « apolitique » ex-socialiste Pouria Amirshahi, ancien président de l'Unef. De par son imprévisibilité, de par les composantes de la société qu'il peut toucher et agréger, parents et grands-parents. « Si la jeunesse se met en mouvement, forcément elle trouve dans la société le soutien des parents, la bienveillance des adultes. » Et surtout, les socialistes ont toujours gardé en tête la fameuse phrase de François Mitterrand en 1968 : « Si la jeunesse n'a pas toujours raison, la société qui la méconnaît et qui la frappe a toujours tort. »

Des mouvements de jeunes, François Hollande n'avait pas eu à en affronter depuis son élection. Il les redoutait. Des frétillements au moment de l'affaire Léonarda. L'ancien président du Mouvement des jeunes socialistes (MJS), Thierry Marchal-Beck, se souvient d'avoir alors été appelé : « C'était inattendu. Jamais je n'avais eu de contact auparavant… Ils voulaient connaître mon ressenti sur l'ampleur de la mobilisation. » Rien n'a suivi.

Julien Dray : « Le Baron noir, c'est moi »

En 2014, il y a évidemment eu la mort dramatique de Rémi Fraisse, provoquée par une grenade offensive lancée par les gendarmes sur le site du barrage contesté de Sivens, dans le Tarn. Première fois depuis 1986 qu'un manifestant est tué. Première fois depuis Malik Oussekine. À l'époque, François Hollande travaille à l'Élysée lorsque le jeune homme est tué par des policiers en marge d'une manifestation étudiante contre un projet de réforme universitaire. Mais, selon ses proches, il a été moins marqué par cet événement que par les manifs de 1990 contre la réforme de l'éducation initiée par Lionel Jospin et son ami le député de l'Essonne Julien Dray, cofondateur de SOS Racisme, qui avait la main sur l'Unef et le syndicat lycéen Fidl. C'est lui qui, en sous-main, avait la maîtrise de ces manifestations étudiantes et lycéennes. Il en connaît donc un rayon.

Ce jour de mars 2016, Julien Dray me reçoit à son domicile. Sur sa table basse, le DVD de la série *Baron noir*, réalisée par son vieil ami Éric Benzekri, encore un ancien de SOS. « Je ne l'ai pas vu, il paraît que c'est bien foutu », jure-t-il, bien placé pour savoir que la série est tirée de sa vie, de son histoire personnelle. Baron noir, c'est son surnom depuis vingt ans. D'ailleurs Julien Dray l'assume sans complexe. « Le Baron noir, c'est moi. » Il reconnaît que les ressemblances entre son parcours et le personnage de Philippe Rickwaert, joué par Kad Merad, sont loin d'être fortuites.

Cette fois, pour ce mouvement 2016, Dray n'a pas endossé le costume du baron mais il a prévenu son ami le président : « Fais attention, il y a des ferments de violence et de radicalisation. » Une autre des amies du chef de l'État renchérit : « Il a le trouillomètre à zéro, car il ne sait pas où ça s'arrête lorsque ça démarre. » Dans les manifs, les jeunes accusent la police. Bombes lacrymogènes, flashball… Rien ne leur sera épargné. Au soir du 1er mai, un sondage de l'institut TNS Sofres cingle : 91 % des moins de 34 ans ne font plus confiance à François Hollande.

Le désaveu est cruel. La gauche est aux manettes, pense s'adresser à la jeunesse, lui promet qu'elle se préoccupe de son avenir. « Ce n'est pas en allant sur Périscope que vous parlez à la jeunesse », tacle une visiteuse du soir, pour caricaturer le fond de la pensée élyséenne. Les jeunes descendent dans la rue avec un message puissant : « Ça fait trop longtemps qu'on laisse les gens décider à notre place. » Ils se battent pour leur avenir, ils ont l'impression que personne n'entend leur peur, leur colère. La loi El Khomri ne serait qu'un prétexte. La goutte d'eau qui a fait déborder le vase. La jeunesse est en mouvement et fait part de son ras-le-bol. « On s'est fait marcher dessus pendant quatre ans. Mine de rien, on tient notre revanche. Le seul moment où les jeunes peuvent prendre la parole, c'est lorsqu'ils descendent dans la rue. Il ne faut pas laisser passer cette occasion », estime William Martinet, le président de l'Unef, raillé pour être encore, à 27 ans, inscrit à la fac, mais devenu la tête du mouvement.

Le gouvernement tente de discréditer ces actions. « Le projet de loi ne nous concerne pas, c'est leur justification. Nous serions paranoïaques car angoissés par l'avenir », explique William

Martinet. « C'est incroyable, ils font exactement comme la droite, hurle le député Benoît Hamon. Semaine 1, on dit que les jeunes sont manipulés. Semaine 2, qu'ils manifestent pour autre chose que le texte visé. Semaine 3, on dit que c'est irresponsable de mettre des jeunes dans la rue et de leur faire prendre de tels risques. Semaine 4, on va annoncer une grande conférence sur le chômage des jeunes. »

Promesse de 2012 : « un grand ministère d'État consacré à cette jeunesse »

Les prémices de ce mouvement 2016 se trouvent dans les promesses de 2012. Premier constat. Première promesse. Premier reniement. Le 4 avril 2012, à Rennes, le fameux meeting des retrouvailles avec Ségolène Royal. On vous épargnera le récit de la fausse photo montée de toutes pièces par Valérie Trierweiler. Ce jour-là, le candidat, à quelques jours du premier tour, annonce « un grand ministère d'État consacré à cette jeunesse ». Cette jeunesse qui, à une très grande majorité, va voter pour le candidat socialiste. Soutien déterminant.

Le 16 mai 2012, Pierre-René Lemas avance sur le perron de l'Élysée, égrène les noms des ministres.

Un homme. Une femme. La parité est respectée. Rang protocolaire numéro 18, le dernier : Valérie Fourneyron, compétente, travailleuse. Ses collègues ne tarissent pas d'éloges. Ils ont raison. Sauf qu'elle vient d'être nommée « ministre des Sports, de la Jeunesse, de l'Éducation populaire et de la Vie associative ». Classique, pour ne pas dire banal, ministère aux attributions si variées et disparates. La jeunesse n'est même pas en tête, mais noyée dans la masse. Laura Slimani, alors militante du MJS (elle en prendra la présidence quelques mois plus tard), bondit en entendant le gouvernement Ayrault 1 : « La jeunesse, dernière roue du carrosse. » Fourneyron va se démener, mais surtout axer sa politique sur les sports, qui constituent en eux-mêmes un portefeuille chronophage.

« Aucune circonscription réservée aux moins de 30 ans »

Un mois plus tard, seconde onde de choc. Laura Slimani le pressentait. « Aucune circonscription réservée aux jeunes. » Donc aucun jeune de moins de 30 ans ne profite de la vague rose aux législatives qui suivent. « C'est la première fois depuis 1993, qu'un moins de 30 ans socialiste n'est pas élu au Parlement. » Les jeunes auraient pu espérer meilleur début.

Au début du quinquennat, la jeunesse version Hollande est un peu considérée comme un angle mort. Pas de conseiller Jeunesse spécifique. François Mitterrand, en son temps, avait recruté une ex-leader étudiante, Isabelle Thomas : « Jeunesse et solidarité, c'était mon titre exact. J'ai été embauchée à l'Élysée en 1989, raconte l'actuelle députée européenne PS, notamment pour faire le lien avec les organisations de jeunesse. » À son actif : le ministère des Banlieues, devenu ministère de la Ville, la politique de la ville, un regard accru sur le service militaire... Bref une vraie politique jeunes et quartiers, cornaquée par le président lui-même, qui s'est toujours intéressé de près à ces questions ou en tout cas ne les a jamais mises de côté.

À son arrivée, François Hollande, lui, nomme l'ex-judoka, un ami de longue date, le chiraquien Thierry Rey, conseiller aux sports, qui sera remplacé deux ans plus tard par la journaliste Nathalie Iannetta. Elle récupérera peu après dans ses attributions la jeunesse. « Une cire-pompes », persiflera un membre du cabinet anonymement au *Canard enchaîné*. L'ex-journaliste de Canal + n'apprécie guère l'insulte et, pour répondre à ses détracteurs, arrive un jour à une réunion de cabinet avec des produits imperméabilisants qu'elle pose ostensiblement devant ses collègues. « Ça protège le président », ose celle qui a fait une grande partie de sa carrière dans le journalisme sportif. « Des produits imperméabilisants pour protéger le président, rigole un membre du cabinet, dommage que Morelle ne soit plus au palais ! »

Des faux jeunes

Ils s'appellent Gaspard Gantzer, Jean-Jacques Barbéris, Audrey Azoulay, Boris Vallaud ; ont été ou sont encore des conseillers du président à l'Élysée. Moins de 40 ans de moyenne d'âge et censés incarnés la nouvelle génération et le renouvellement. William Martinet a failli « s'étouffer de rire » en découvrant ceux que l'hebdomadaire *L'Obs* a surnommés « la jeune garde » et mis en une le 4 février 2015. Le patron de l'Unef pouffe : « Ce ne sont pas des militants actifs. C'est la jeunesse version Hollande, pas la jeunesse française. » Les photos sont raillées. Les commentaires, acerbes. En une, deux inconnus, Audrey Azoulay et Jean-Jacques Barbéris. La future ministre de la Culture et l'« enfant à la pochette », son conseiller économique, comme le surnommeront mesquinement des journalistes. La séquence devait contribuer à moderniser l'image du président, en mettant en avant une « génération Internet » qui travaille « sur un mode managérial », des bourreaux de travail, « durs au mal », soumis « aux heures sup et à la pression », et qui tutoient le président, partagent avec lui des « plateaux-repas » dans la « cool attitude ».

Dans le reportage, le chef d'État n'apparaît plus que comme un personnage secondaire, à l'arrière-plan. On inverse les rôles. Les metteurs en scène deviennent acteurs. Et l'acteur principal un second rôle à qui l'on n'accorde plus aucune attention. Le président aurait pourtant lui-même validé cette séance de shooting, tout sourire, imaginée, selon l'Élysée, par le journaliste de *L'Obs* Serge Raffy. « Ce n'est pas moi qui l'ai suscitée, assure Gaspard Gantzer. L'auteur de l'enquête devait faire une semaine *embedded* [terme américain signifiant "en immersion"], il a demandé à François Hollande plutôt de s'intéresser à la nouvelle génération. » Le président accepte et « valide lui-même la liste des conseillers à interroger », souligne le conseiller com de l'Élysée. En photo, une génération d'énarques en costumes trois pièces (pas issus de la Voltaire). Ils voulaient se distinguer des générations précédentes. C'est raté. « Des petits marquis poudrés dans un palais du XVIIIe », s'étrangle Bernard Poignant, l'ami et conseiller du président qui, chaque fois qu'il voit Barbéris, ne prend plus de gants et se moque avec délectation. Gaspard Gantzer, lui, regrette que ses collègues aient été surexposés : « Si c'était à refaire, on procéderait autrement. »

Sur la forme, c'est raté. Sur le fond, cet article de *L'Obs* veut véhiculer un message : François Hollande s'appliquerait donc à lui-même, en recrutant des jeunes, son programme censé faire de la jeunesse une priorité. Les mauvaises langues répondront que le chômage après l'ENA, même pour ceux qui ne terminent pas dans les premiers (« la botte »), ne constitue pas encore un problème de société. Sur son blog, Romain Blachier, adjoint au maire du 7e arrondissement de Lyon, exprime son malaise au sujet de cette présentation de « surdiplômés » et explique sa gêne : « Si le fait de coller des affiches au MJS n'a jamais formé obligatoirement des futurs conseillers de qualité, substituer au parcours de terrain et de conviction la seule valeur du diplôme est questionnant pour un fonctionnement politique. Les régimes qui fonctionnent au népotisme militant finissent mal. Ceux qui s'abstraient trop de l'engagement ne font plus de politique. »

Ses vraies retrouvailles avec les jeunes, le chef de l'État va les faire le dimanche 19 avril 2015, sur le plateau de l'émission *Le Supplément* sur Canal +. Une émission d'infotainment présentée par Maïtena Biraben. Il a décidé de souffler sa troisième bougie sur une chaîne plutôt jeune pour retrouver le fil qui lui a tant fait défaut jusque-là. Une émission adéquate : elle réunit des spectateurs qui ont en moyenne dix ans de moins que les autres émissions politiques, lesquelles attirent principalement les 25-49 ans. Record d'audience pour le président. 1 789 000 téléspectateurs de moyenne (11,9 % de PDA). 1789… Comme un air de révolution. Déjà. Le dimanche précédent, l'édition avec Valérie Pécresse avait rassemblé 696 000 téléspectateurs.

Malgré le bon résultat d'audience – si tant est qu'on puisse considérer que moins de deux millions de téléspectateurs représentent environ 3 % de la population française –, les messages passés à la jeunesse ne font pas mouche. François Hollande a annoncé son intention d'« élargir » la prime d'activité, un complément versé aux bas salaires à partir de 2016, notamment en faveur des jeunes de moins de 25 ans, ou encore de donner des « avantages » pour les petites entreprises qui prendront des « apprentis mineurs », affirmant que celles-ci ne paieront « plus rien » sur ces emplois à compter de la rentrée 2015.

Dans le *Journal du dimanche* du même jour, la journaliste Cécile Amar, habilement, avait décidé de s'intéresser à cette jeunesse délaissée. Ils s'appellent William Martinet, président de l'Unef, le syndicat étudiant (tiens, tiens), Laura Slimani, présidente du MJS, Anne-Cécile Mailfert, porte-parole à l'époque d'OLF, Osez le Féminisme. Tous ont en commun de n'avoir jamais été reçus par François Hollande. Curieusement, cet article intitulé « Le chef de l'État a beaucoup déçu la jeunesse » va être le déclencheur, puisque nombre d'entre eux, dans les semaines qui suivront, recevront une invitation à l'Élysée. Comme quoi...

La méfiance des jeunes laisse place à la défiance

Élu en décembre 2014 président de l'Unef, William Martinet n'est pas dupe. Il se souvient de la campagne de François Hollande : « J'avais retenu qu'il ne souhaitait pas que cette jeunesse soit une variable d'ajustement mais qu'il fallait investir dedans. » Pourtant, « dès le départ, nous sommes très méfiants. Nous sommes confortés dans l'idée que l'alternance ne produit aucune avancée sociale », lâche ce grand jeune homme élégant devenu le fer de lance de la contestation étudiante.

La conférence de presse de 2014 à l'Élysée est vécue comme un cauchemar. « Ça part en cacahuète, la priorité est donnée aux réductions des dépenses publiques. » 2015. Le budget des universités est voté. « Le plus dur depuis des décennies, selon lui. Même Sarkozy, à la fin de son quinquennat, n'avait pas osé. » Il parle d'austérité dans les universités. Les étudiants descendent dans la rue, réclament un réajustement budgétaire, l'obtiennent. « Sans ce mouvement, croit-il, pour la première fois depuis des années, le budget des universités aurait été en baisse. » Tout récemment, en début d'année 2016, il a assisté aux vœux du président à la Maison de la radio. Des vœux « à la jeunesse », clamait le carton d'invitation. François Hollande renoue dans son discours avec cette volonté de faire des jeunes sa priorité. Il vante et précise les contours du service civique. Ce service lancé en 2010 permet aux 16-25 ans d'effectuer une mission d'intérêt général de six à douze mois, indemnisée 573 euros net par mois. Que ce soit auprès d'associations, de collectivités ou de services publics. Le service civique comme recours pour cette jeunesse désenchantée, qui peine à trouver un emploi ? « Il est coupé de la réalité, grince William Martinet. Il ne prend pas suffisamment conscience des difficultés. (...) Nous, on ne veut pas de cette société-là, après des années d'études, il faudra passer par des années de stage, puis des années de service civique donc de précarité, avant de décrocher un CDI ? »

Génération Bataclan

La jeunesse a été touchée de plein fouet lors des attentats du 13 novembre, sur les terrasses des cafés parisiens et au Bataclan. « Génération Bataclan », titrera *Libération*. Hommage, reconnaissance, agenouillement devant ces jeunes femmes et hommes abattus froidement le vendredi 13 novembre 2015. Dans la cour des Invalides, François Hollande livre un de ses discours les plus forts, les plus vibrants, les plus empreints de gravité. Face à « ces cent trente vies arrachées, cent trente destins fauchés, cent trente rires que l'on n'entendra plus, cent trente voix qui à jamais se sont tues », le chef de l'État a tenu à adresser sa « compassion ». À travers eux, c'est toute une génération que François Hollande veut honorer. « L'attaque du 13 novembre restera dans la mémoire de la jeunesse d'aujourd'hui comme une initiation terrible à la dureté du monde, mais aussi comme une invitation à l'affronter. » Cinquante ans après le discours qu'André Malraux avait prononcé pour la panthéonisation du résistant Jean Moulin, François Hollande s'est réapproprié les termes du ministre de la Culture d'alors : « Malgré les larmes, cette génération est devenue aujourd'hui le visage de la France. » Le visage de la France ? Terrain sensible. Laura Slimani lâche brutalement : « La Génération Bataclan, si c'est la génération qui résiste en buvant des coups en terrasse, ce n'est pas la mienne. » Sa génération à elle ? « C'est celle qui se rend compte des dégâts et du rôle des gouvernants successifs qui ont engendré les horreurs actuelles. »

La fracture entre les jeunes et la gauche au pouvoir est consommée. Aux élections locales, nationales, qui en tire profit ? Le Front national.

« Malheureusement ce n'est pas les Jeunes Socialistes qui en sont responsables, se défend Slimani, qui dresse un constat terrible. C'est compliqué, pour un jeune, de se retrouver dans quelque parti républicain que ce soit. La classe politique ne se rapproche pas de la représentation sociétale : ouvriers, chômeurs, femmes, personnes issues de l'immigration, jeunes. » Une déconnexion réelle et croissante. Aux dernières élections régionales, le dernier scrutin avant la prochaine présidentielle, sept jeunes sur dix ont préféré s'abstenir et, au total, un jeune sur dix a voté FN. « C'est clairement une défiance contre le politique, analyse William Martinet, qui a senti au cours de ces dernières années chez les étudiants une poussée extrémiste. Il y a encore quelques années, le réflexe c'était : “Faut combattre l'extrême droite”, désormais il y a une forme de banalisation. »

Le président ne désespère pas de pouvoir raccrocher le wagon « jeunes » en cas de candidature en 2017. « Les jeunes qui sont étudiants vivent mieux : un tiers sont boursiers. Ceux qui sont dans la difficulté, la loi El Khomri va justement leur permettre d'avoir la garantie jeunes, confiait-il en mai dernier sur Europe 1. Cela veut dire que ceux qui étaient sans solution ont pu avoir un emploi d'avenir. Tout ce qu'on a pu faire pour l'apprentissage trouvera sa traduction. Mais je n'en ai pas terminé avec cette politique pour les jeunes, parce que c'est l'essentiel », a-t-il poursuivi.

Mais il n'en a pas fini avec ceux qui le considèrent pour une grande majorité comme « un homme du passé ». William Martinet, lui, rappelle un vieux slogan de l'Unef en 2006 pendant les mouvements contre le contrat première embauche, le CPE, pour résumer l'état d'esprit du syndicat quand on lui demande s'il appellera à voter Hollande, s'il se représente en 2017 : « Mieux que rien, c'est pire que tout. »

9

La dent dure

« Hollande m'a tuer. » François Hollande n'est pas homme à faire des cadeaux. Au cours de son quinquennat, il a sacrifié sans vergogne, sans trembler, des ministres, des conseillers, y compris réputés proches. Il abat froidement, met parfois le temps, mais « quand il sent que, politiquement, tel ou tel peut le mettre en danger, il n'hésite pas à trancher », raconte un de ses amis, resté à ses côtés. Valérie Trierweiler peut en témoigner. Avant l'enterrement, il y a toujours une mise au ban.

Les conséquences ? La rancœur pour certains, la vengeance pour d'autres, voire – plus rare lors du quinquennat – la réintégration. Mais cette réintégration passe nécessairement par l'une des deux phases. L'archétype parfait du revenant, c'est bien Jean-Marc Ayrault, redevenu ministre (des Affaires étrangères) en février 2016. Presque deux ans après son départ de Matignon. Sacrifié à l'époque sur l'autel des résultats médiocres des municipales, mais également à cause d'une fronde au sein même de son gouvernement, certains ministres n'hésitant pas à saper son autorité. Aujourd'hui, il est bridé par sa fonction, hier il avait retrouvé sa liberté de parole.

« Ça fait Pieds nickelés »

En septembre 2015, dans son bureau de l'Assemblée nationale, il a la mine des mauvais jours. Jean-Marc Ayrault n'a jamais fanfaronné. Il pense alors ne plus rien avoir à espérer dans cette vie politique. Le soir précédent, il a vu, comme plus de 2 millions de Français, *Un temps de président*, le film d'Yves Jeuland, diffusé sur France 3. « Ça fait Pieds nickelés, c'est désastreux comme image, assène d'emblée Ayrault. Fleur Pellerin ? Quand même, dans le film, elle passe pour une godiche. Je serais à sa place, je serais humilié. » On ne le reconnaît pas, car il n'a pas de mots assez durs contre le président et s'étonne de ne pas reconnaître le Hollande du mois de janvier, y compris dans les images tournées à cette période. « On ne retrouve pas le personnage qu'il a incarné à ce moment-là. » Le Hollande du 11 janvier est gommé, rayé de la carte. Ce Hollande qu'il a côtoyé, qui l'a impressionné. Surtout au moment de la guerre au Mali. « C'est là qu'il a intégré la fonction présidentielle. »

Il se replonge dans ses années à Matignon. Bien sûr, des couacs, il en a connus, en a même commis. Il suffit de se remémorer ses difficultés, ses erreurs de communication, ses ministres qui parlent à tort et à travers. Mais il se redresse, cite un exemple. Batho. Son ex-ministre qu'il a virée en une matinée parce qu'elle s'était plainte publiquement de la baisse des crédits accordés à son ministère en 2014 et n'avait pas voulu revenir sur ses propos. Manu militari. Dehors. « J'en ai fait une affaire de principe, je prends mes responsabilités. » Regrette-t-il de ne pas avoir pris ses responsabilités avec le tempétueux Arnaud Montebourg ? « J'aurais préféré le faire avec lui. »

Valls ? « C'est bizarre, il a comme un problème d'autorité. » Les deux hommes n'ont pas la même conception de la politique. On sent même poindre comme une petite touche de jalousie vis-à-vis de Manuel Valls qui, lui, a réussi ce à quoi Jean-Marc Ayrault n'est jamais parvenu, se débarrasser du ministre du Redressement productif.

Son autre ennemi, proche de Hollande, n'était autre qu'Aquilino Morelle. Les deux hommes sont partis en même temps. Pas pour les mêmes raisons. Mais ils n'ont eu de cesse qu'ils ne veuillent se débarrasser l'un de l'autre. Ayrault et Morelle se détestent et se le rendent bien. L'un, Aquilino, soupçonne l'autre, Jean-Marc, de lui savonner la planche et de ressentir contre lui une « hargne inexpugnable ». « Le Premier ministre pense alors que j'ai une mauvaise influence sur le président, qu'en coulisses je lui susurre que la ligne à suivre est celle d'Arnaud Montebourg », avec qui il n'a jamais caché ni renié ses liens. Il n'a pas tout à fait tort. « À ce moment-là de 2013, il ne me gênait pas. Peu à peu, j'ai compris que c'était un mauvais Premier ministre. » Il a été choisi et placé là « parce qu'il ne faisait pas d'ombre à Hollande ».

Mais vient le temps de la disgrâce pour Morelle. Peu à peu, le chef de l'État l'associe moins à ses réunions, l'écoute moins, le tient moins dans la confidence. L'entreprise de démolition d'Ayrault semble fonctionner. « C'est Hollande qui m'a confié qu'Ayrault demandait ma tête à chaque déjeuner. » Tout se fait insidieusement. À la Hollande. Rien n'est dit, mais tout est clair. « J'ai découvert qui il était vraiment, quelle était sa personnalité. Je n'avais jamais réellement travaillé à ses côtés. » Effectivement, ils ont suivi des trajectoires bien distinctes même s'ils appartiennent au même parti. Le PS parfois sait forger et abriter des personnalités aux antipodes. Dépité, déconsidéré, il sait qu'être désavoué, « c'est le jeu pour tout conseiller. J'ai trouvé regrettable qu'il ne suive pas mon conseil, mais je n'allais pas pour autant me faire hara-kiri. »

Hollande divise pour mieux régner. « Il faisait pareil au Parti socialiste », se remémore un ancien bras droit. « N'oubliez jamais que le surnom de François Hollande, c'est Pervers Pépère », raconte un de ses amis. Ce surnom, tiré d'une bande dessinée de Gotlib, lui a été « gentiment » attribué par Jean-Christophe Cambadélis, du temps où les deux hommes se honnissaient. L'un, fidèle supporter de DSK, l'autre démarrant tranquillement et quasi clandestinement sa campagne vers l'Élysée. « Pervers Pépère », même ses plus proches soutiens trouvent que le surnom lui sied bien.

Sacrifié en moins d'une minute par Hollande

En disgrâce, il mange son pain noir. Le conseiller politique attend son heure. Peut-être la fin de sa mise au ban. Elle intervient quand le sort de Jean-Marc Ayrault est scellé fin 2013. Dès ce moment, Hollande considère que « les Français n'en veulent plus ». Morelle sent qu'un espace se crée pour faire grimper Manuel Valls, son ami, dont il continue encore à dire le plus grand bien. Le ministre de l'Intérieur et lui ont fait leurs classes à Matignon sous Jospin. Quel joli pied de nez si, plus de dix ans après, il arrivait à être propulsé rue de Varenne.

Pour cette entreprise, François Hollande, qui a lâché Ayrault, a besoin à nouveau d'Aquilino

Morelle. Il revient en cour auprès du président. Il travaille en profondeur sur le pacte. Tranquillement, il refait son trou, évite les balles perdues venant cette fois du secrétaire général de l'Élysée, Pierre-René Lemas, de Stéphane Le Foll qui, « lui, selon Morelle, n'a jamais vraiment digéré le discours du Bourget ». Tous ceux qui, en coulisses, ont contribué à faire chuter « le Marquis », comme ses ennemis l'avaient surnommé. Les municipales 2014, comme il le pressentait, se révèlent désastreuses. Jean-Marc Ayrault est sacrifié. Miracle. Manuel Valls est nommé pour lui succéder. Aquilino Morelle n'en profite que deux semaines et demie. Le 18 avril 2014, dix-neuf jours après la prise de fonction de son ami, l'ex-maire d'Évry, il quittera par la petite porte le palais de l'Élysée.

Médiapart a sorti l'artillerie lourde. Morelle, ancien haut fonctionnaire à l'Inspection générale des affaires sociales (Igas), est soupçonné de prise illégale d'intérêts avec des laboratoires pharmaceutiques. La machine judiciaire se met en route. Audition par la police judiciaire le 29 décembre 2014. 8 février 2015, classement sans suite. « Il n'y avait rien dans le dossier, c'est pour cette raison que, avant de me faire partir, ils ont rajouté l'affaire des chaussures. » Dans son enquête, Médiapart évoque en effet aussi des écarts de comportement. Aquilino Morelle aurait fait venir dans un salon de l'Élysée un cireur de chaussures ou utilisé des véhicules à des fins personnelles. Là encore, il se défend. « Le mec [le cireur] n'est venu qu'une fois en mars 2013. François Hollande m'a vu tous les jours et pas une fois il ne m'a convoqué pour me reprocher cet écart. » Il en est certain : le chef de l'État a mis cette affaire de côté, pour s'en servir au moment opportun. Car, plus que la prise illégale d'intérêts, c'est le comportement de son conseiller qui l'horripile. Le président a érigé l'exemplarité comme vertu sacrée. Tout le monde doit se l'appliquer.

Convoqué à Matignon dans la matinée, pour s'entretenir avec Manuel Valls, Aquilino Morelle entre par une porte dérobée. Très vite, l'information fuite dans la presse. « Aquilino Morelle convoqué à Matignon en ce moment. Dénouement rapide ? » tweete le journaliste du *Point* Emmanuel Beretta. Pour la petite histoire, c'est un ancien ministre qui passait à scooter rue de Babylone qui a vu entrer Morelle. Ce dernier n'a pas pu le reconnaître car il était casqué. Son nom : Jérôme Cahuzac.

Aquilino Morelle a pris « la seule décision qui convenait » en démissionnant de ses fonctions de conseiller de l'Élysée. « Je ne suis pas juge de ce qu'il a fait avant [d'arriver à l'Élysée] », lâche le président l'après-midi, en visite à Clermont. L'intervention va durer moins d'une minute. Enterré en moins d'une minute. Une courte déclaration sans empathie, sans les trémolos dans la voix qu'on pourrait avoir en se débarrassant d'un compagnon de route. Rien. Pas l'ombre d'un regret. Il doit partir. Merci, au revoir.

Coïncidence du destin, ce jour-là, à l'usine Michelin, il est accompagné par Arnaud Montebourg, fraîchement nommé ministre de l'Économie. Ce dernier a du mal à cacher son émotion de voir son ami quitter ainsi le navire. Il choisit l'humour : « *No statement, thank you very much*, lance-t-il à la presse. J'ai assez répondu aux questions ! » Puis, s'éloignant en souriant : « Vous êtes des emmerdeurs. »

« Il voulait devenir président, mais pas sûr qu'il voulait être président »

Le Parti socialiste est un échiquier à taille humaine. François Hollande avance les pions. À sa guise. « Il n'a jamais réussi à dépasser dans l'exercice du pouvoir ses réflexes de tacticien », estime Cécile Duflot. La tactique se différencie de la stratégie qui, elle, s'inscrit dans un projet. Le tacticien n'a qu'un objectif en tête, il doit parvenir à ses fins quoi qu'il advienne. « La tactique est un outil magistral quand on sait le but que l'on poursuit. » Ce n'est visiblement pas le cas du président, pour l'ex-ministre du Logement. « Sans technique, un don n'est rien qu'une sale manie », chantait Brassens. Duflot réadapte : « La tactique sans idéal n'est rien qu'une sale manie. »

Réintégrer le gouvernement après l'avoir quitté avec fracas ? « Jamais de la vie ! » Elle en a fait une question d'honneur, et elle a la haine irascible contre Valls et la rancune tenace contre Hollande. « Il voulait devenir président, mais pas sûr qu'il voulait être président. » Cécile Duflot se sent trompée, flouée. Elle y a cru. Elle a cru en lui, y croit peut-être encore un petit peu au fond d'elle, sans vouloir l'avouer, sans vouloir se l'avouer. Elle le soutenait, contre vents et marées. Aujourd'hui, c'est indéniable, quand quelques mots désagréables à son encontre sortent de sa bouche, on sent comme une pointe de honte. Elle s'est trompée. Elle a pourtant cravaché au début du quinquennat, dans son grand ministère du Logement, faisant la guerre aux lobbys, tentant d'appliquer ce programme présidentiel reverdi, gauchisé auquel elle s'est convertie. Sans mal. L'encadrement des loyers, une des mesures phares de son projet, ce n'était pas, comme elle le dit, « un caprice duflotesque, c'était un engagement présidentiel ».

Comme tous ses camarades du gouvernement, elle a senti que le discours changeait très vite. « La dette, la dette, la dette… » Se réveiller, dette ; manger, dette ; dormir, dette. Qu'une seule chose en dette, pardon, en tête : la dette « sans ambition écolo ». « Nous souhaitons que les engagements de 2012 soient tenus, nous pensons que le message des Français à travers les élections municipales, c'est qu'un certain nombre d'engagements n'ont pas été tenus, c'est ça qui crée de la déception. » Un communiqué presque lapidaire de deux ministres démissionnaires, Pascal Canfin et Cécile Duflot, les deux cautions écolos du gouvernement Ayrault. Maintenant encore, la députée de Paris pense que, dans ce texte, il n'y a pas une ligne à changer et que le diagnostic reste sensiblement le même. Ce qu'ils pressentaient a été parachevé par la nomination de Manuel Valls fin mars 2014. Valls et Duflot. Ils se détestent et se le rendent bien. Ennemis jurés. « Je tire à boulets rouges sur le Premier ministre, Pépé [le surnom qu'elle lui a trouvé], car c'est lui qui formalise ce que je combats. » De la haine ? Le mot est faible. Mettez les deux dans une même pièce, étincelles assurées.

« Toi tu te tais, tu lis, tu réfléchis et ensuite tu tweetes »

Le 22 janvier 2016, François Hollande, qui espère rassembler toutes les forces politiques autour de son projet de révision constitutionnelle, multiplie en cette fin de semaine les consultations tous azimuts. Au tour des écolos. Cécile Duflot, comme ancienne patronne, s'est conviée de droit autour d'Emmanuelle Cosse, la secrétaire nationale, qui, en coulisses et en douce, organise son entrée au gouvernement. Une traîtrise, traduiront ses anciens camarades d'EELV. Duflot sait comment faire sortir Valls de ses gonds. Au détour d'une phrase, elle le provoque. Le Premier ministre se dresse sur sa chaise, racontent deux témoins de la scène. La version est la même : « Toi, tu te tais, tu lis, tu réfléchis et ensuite tu tweetes », éructe le Premier ministre. Sidération. Le président de la République, Jean-Marie Le Guen, le secrétaire d'État aux relations avec le Parlement, qui ne porte pas plus l'écologiste que l'écologie dans son cœur, restent bouche bée. Tweeteuse compulsive mais éclairée, Duflot lui répond du tac au tac : « Pardon, dans la prolongation de l'état d'urgence, il faudra vous demander la permission de tweeter. » Manuel Valls fulmine. La députée de Paris enfonce le clou : « Excusez-moi, je parle de grandes valeurs, je pense que ça doit en gêner quelques-uns. » Référence directe à une interview que le Premier ministre avait donnée au *JDD*, dans laquelle il affirmait : « Une partie de la gauche s'égare au nom de grandes valeurs en oubliant le contexte, notre état de guerre, et le discours du président devant le Congrès. »

Cette référence et ce pilonnage de la gauche avaient provoqué un tollé au sein de la majorité, y compris le mécontentement de François Hollande qui, en coulisses, avait fait part de son agacement.

« Le problème du cap, c'est le problème du quinquennat de François Hollande »

Aux yeux de Cécile Duflot, Valls est en partie responsable de ce virage libéral. Sans véritablement l'assumer. « Ils ont eu la social-démocratie honteuse et le social-libéralisme non assumé. » Elle va plus loin. « Ils apparaissent comme des traîtres et n'assument pas d'être de droite. » Elle respecte de moins en moins l'homme qui a été élu.

L'ex-Premier ministre Jean-Marc Ayrault s'est confié quelques semaines avant son retour au gouvernement. « Valls a construit son image autour de l'autorité. C'est raté. Il a un problème avec Macron, mais aussi avec Royal, qui est incontrôlable. » Il sourit, d'un air légèrement moqueur. « Vous avez vu Ségolène, elle dit ce qu'elle veut, elle ne pense qu'à elle. Moi, je n'aurais pas pu. » Il repense à toutes les critiques qu'il a subies, et les moqueries. Il a fait barrage pour protéger un président. Il en a désormais gros sur le cœur. Le cap. Son obsession. Sa frustration. « Le problème du cap, c'est le problème du quinquennat de François Hollande. » Il s'en inquiète vivement, comme de l'inversion tant attendue de la courbe du chômage. « Cela coûtera cher, très cher, car je ne pense que pas que la situation s'améliorera, juste un peu, mais pas suffisamment. Je suis inquiet pour le pays, triste pour les gens de gauche, qui ne se retrouvent pas dans cette politique. »

Jean-Marc Ayrault a réintégré le gouvernement comme ministre des Affaires étrangères, non sans avoir renié quelques principes. Opposé à la déchéance de nationalité, il la votera malgré tout à l'Assemblée nationale. François Hollande l'a quasiment supplié de revenir, selon ses dires. Le président a toujours eu des mots amicaux envers lui, même au temps où il était à Matignon. En le « suppliant » de revenir au gouvernement, François Hollande, en tacticien, s'est offert du répit. Plus aucun risque que l'ex-Premier ministre, dont la voix médiatique portait, dise tout haut et publiquement ce qu'il pense du quinquennat.

« Martine Aubry m'a mis en garde : "C'est un type de droite, il va vous entuber." »

Aquilino Morelle juge François Hollande et sa politique très sévèrement. Il poursuit son projet de livre, « un récit de la trajectoire politique de la gauche depuis les primaires de 2011, précise Morelle. Mon livre n'est ni pour Hollande – dont je condamne la politique et les méthodes – ni contre lui par principe. Je veux écrire un livre utile, utile à la gauche, utile à tous ces citoyens qui s'interrogent : pourquoi et comment en est-on arrivés là ? Il s'agit de porter un diagnostic, d'analyser des faits et des actes, de juger une politique, de livrer ma part de vérité. Que ce jugement soit au final sévère, c'est là chose possible et même vraisemblable ; mais ce sera alors un résultat – celui de mon travail d'analyse et de mon commentaire –, pas un postulat. Je m'efforce d'être sincère, à défaut d'être objectif – ce qui est très difficile pour tout le monde. » Et sinon, des regrets d'avoir rejoint l'Élysée, pour celui qui a été la plume du candidat, inspirateur direct du discours du Bourget ? « Si j'avais eu le sentiment de me faire embringuer, je ne l'aurais pas fait », jure-t-il. Pourtant certains l'avaient prévenu. Ils se comptent sur les doigts d'une main, et encore. « Martine Aubry m'a mis en garde : "C'est un type de droite, il va vous entuber." » Nostalgique de la période 2012, il l'est assurément. « Quand vous regardez le Hollande candidat, il laissait penser qu'il pouvait devenir un président de gauche. J'ai cru de bonne foi que je servais cette destinée. »

Il est sûr que son chemin recroisera celui du potentiel futur candidat socialiste. Même si son vœu le plus cher serait que « ni François Hollande, ni Nicolas Sarkozy ne soient candidats à la future présidentielle ». Il en est persuadé : les Français ne veulent pas du match retour, mais surtout ne veulent plus du président actuel. Ni de son entourage, « des mecs à sa botte, inconsistants politiquement », qu'il compare à « une cire que le président peut modeler à sa guise, sur laquelle il peut, sans risque et sans résistance, apposer son sceau ». Cette image, utilisée fortuitement, il l'avait déjà prise lors de sa seule interview accordée au *Parisien*, un mois après le classement sans suite de son affaire. Un an plus tard, il va encore plus loin. « Le 18 avril 2014, la période de chasse à l'homme a commencé. » Pour lui ou pour Hollande ?

10

La déchéance

« Mon seul regret, c'est de ne pas avoir fait la déchéance tout de suite, dans les trois semaines qui ont suivi les attentats de novembre. » Une confidence de François Hollande, en avril 2016, qui en dit long sur son état d'esprit après un échec retentissant sur une mesure à peine symbolique. Une majorité fracturée, des alliés décontenancés, ses propres fidèles indisposés, une ministre – figure de gauche (la dernière ?) démissionnaire pour au final… une reculade. Rarement, dans l'histoire de la Ve République, peut-être même des précédentes, on aura vu une telle débauche de déclarations, de prises de position, de controverses, de joutes verbales, tout cela pour aboutir à… rien.

Le 30 mars 2016, sous les ors du salon Napoléon III, François Hollande s'avance, la mine grave, celle des mauvais jours. Après quatre mois de débat, le président arrête les frais. « J'ai décidé de clore le débat constitutionnel mais je ne dévierai pas des engagements que j'ai pris pour assurer la sécurité du pays. » La déchéance de nationalité est jetée aux oubliettes et, avec elle, la constitutionnalisation de l'état d'urgence. Ce renoncement, le président tente d'en faire porter la responsabilité à l'opposition : « Une partie de l'opposition est hostile à toute révision constitutionnelle. Je déplore profondément cette attitude. »

Un tragique vendredi soir

« Monsieur le président, le Quick a sauté. » Il se penche vers François Hollande, concentré sur le match. Vers 21 h 20, tout le stade a entendu un boum et pense à un pétard. L'officier de sécurité, appelé communément le siège (car toujours censé être assis à côté de lui), vient de lui glisser subrepticement à l'oreille que des attaques autour du Stade de France viennent d'être perpétrées. Une confidence immortalisée par les caméras. Le chef de l'État comprend tout de suite. Ça recommence.

Discrètement, il rejoint le PC sécurité du stade d'où il appelle Bernard Cazeneuve, déjà au courant des explosions qui ont eu lieu aux abords de l'enceinte sportive. Deux hommes ont activé les ceintures d'explosifs qu'ils portaient sur eux. Un troisième en fera de même quelques instants plus tard. Et François Hollande verra en direct ces quelques secondes terribles, le nez rivé sur les caméras de sécurité. « Je m'en vais, je rentre à l'Élysée », décide-t-il instantanément. Avant, il retourne informer les personnes qui l'accompagnent. Les ministres Stéphane Le Foll et Patrick Kanner, le président du conseil régional d'Île-de-France, Jean-Paul Huchon, et le président de la Fédération française de football, Noël Le Graët, assis à côté de lui. À tous les invités de la loge présidentielle, il demande de ne pas bouger. « Vous restez à votre place, je ne veux pas qu'il y ait un sentiment de panique dans le public. » D'ailleurs, ce soir-là, le préfet de Seine-Saint-Denis, avec sang-froid et maîtrise, n'a pas interrompu le match et n'a pas diffusé de messages tendant à faire paniquer les supporters.

François Hollande quitte le stade. Il rejoint la place Beauvau, où il retrouve Bernard Cazeneuve, Manuel Valls, Jean-Yves Le Drian et Christiane Taubira. Paris de nouveau subit une attaque. Les premières remontées de terrain font état de dizaines de morts dans les bars de l'est de la capitale. Une prise d'otages dans la salle de spectacle du Bataclan se déroule au même moment. Peu après minuit, une fois l'assaut au Bataclan achevé, François Hollande décide de se rendre dans le 11e arrondissement, boulevard Voltaire. Il demande à tous ses ministres de l'accompagner. Manuel Valls ne le sent pas. Le président lui fait comprendre qu'il ne s'agit pas d'une proposition. Anne Hidalgo est déjà là-bas. Il arrive peu après avec un aréopage de ministres. Changement de décor. Alors qu'il avait été acclamé sur cette même artère parisienne en début d'année, cette fois, aux fenêtres, des gens hurlent : « Vous ne nous avez pas protégés ! » À l'angle de la rue Oberkampf et du boulevard Voltaire, l'officier de sécurité du président lui glisse une nouvelle fois à l'oreille : « C'est dangereux, vous ne devriez pas rester… » Dans la voiture qui le ramène à l'Élysée, il s'interroge. « Est-ce que c'est fini ou est-ce qu'il ne va pas y avoir d'autres actes venant du même groupe ou d'un autre groupe à Paris ou ailleurs qu'à Paris ? Est ce qu'on a fini ou est-ce que ça peut recommencer rapidement parce qu'on peut imaginer que ça peut, hélas, recommencer ? » Le chef de l'État a compris l'horreur que venait de vivre encore une fois le pays et s'inquiète.

Au même moment, un conseiller élyséen se rend à toute vitesse à la Chancellerie, pour faire signer le décret de déclaration d'état d'urgence. Pour la petite histoire, la griffe a été apposée au bas du décret sans que Christiane Taubira soit mise au courant.

La réponse doit être proportionnée à l'attaque

François Hollande sait que la réponse doit être proportionnée à l'attaque. Samedi 14 novembre, dans une nouvelle allocution télévisée, plus maîtrisée que la veille, il annonce qu'il s'adressera le lundi suivant, le 16 novembre, aux deux chambres du Parlement réunies en Congrès à Versailles, « pour rassembler la nation dans cette épreuve ». Il charge ses services de faire remonter toutes les idées, plusieurs ministres fournissent des « éléments techniques », des formules, voire des « passages ». C'est au cours de ce week-end que l'idée de déchéance de nationalité apparaît pour la première fois. Le secrétaire général du gouvernement, Marc Guillaume, imagine soumettre la déchéance dans la révision constitutionnelle. Mais il faut absolument s'assurer contre toute annonce intempestive. Un avis consultatif à la section intérieure du Conseil d'État est demandé, qui dit en off que « la déchéance, ça doit être jouable ». Surtout, la haute autorité administrative s'appuie sur la jurisprudence du Conseil constitutionnel, qui ne s'est jamais opposé à la déchéance de nationalité.

Le dimanche, François Hollande, séduit par l'idée, en discute avec son Premier ministre et son ministre de l'Intérieur, Bernard Cazeneuve, qui, personnellement, n'est pas franchement séduit par le concept. Le lendemain, à Versailles, devant tous les parlementaires réunis en Congrès, François Hollande n'y va pas par quatre chemins. « La France est en guerre », d'emblée. Quelques instants plus tard, après un court silence, il poursuit. « Cette révision de la Constitution doit s'accompagner d'autres mesures. Il en va de la déchéance de nationalité. » La déchéance. Le mot est lâché. Certains parlementaires bondissent de leurs sièges, des ministres réagissent, hoquettent. C'est le cas de Matthias Fekl, franco-allemand. « Quand je l'entends dire ça au Congrès, je lâche : “Oh, la vache !” », raconte le jeune secrétaire d'État au Commerce extérieur. Myriam El Khomri interpelle son voisin : « Il a bien parlé de déchéance, là ? » Un peu plus bas, au premier rang, près de Manuel Valls et Bernard Cazeneuve, la garde des Sceaux ouvre grands ses yeux et constate que « personne ne réagit. Je mets ça sur le compte de l'émotion. Nous sommes deux jours et demi après les attentats. »

En rentrant à Paris, François Hollande estime avoir réussi son coup. Les parlementaires l'ont acclamé, il a réussi la synthèse. Les tout premiers commentaires le confortent. L'annonce est vue comme une efficace manœuvre politique. Elle lui permet d'apparaître ferme face à la menace terroriste et de mettre mal à l'aise la droite en reprenant une de ses propositions. La droite, certes, monte au créneau, mais elle sent bien la chausse-trappe et ne tape que sur la révision constitutionnelle. À gauche, le silence est pesant.

« En sortant du Congrès, moi, ça me pose un vrai problème, concède Christiane Taubira, stupéfaite. J'ai l'impression que ça n'en pose à personne d'autre. Il se passe un jour, deux jours, trois jours, dix jours, aucune réaction. Rien. » Le cœur gros, elle se demande où est passée la gauche. Puis, des parlementaires, en toute discrétion, commencent à évoquer le sujet avec elle. De son côté, elle commence à consulter. Constitutionnalistes, civilistes, historiens, et poursuit sa réflexion et son interrogation. « Pourquoi suis-je estomaquée et personne d'autre ? L'effet de sidération, peut-être, fait que personne ne veut s'interroger et ne s'autorise même à poser la question. »

« Les circonstances nous obligent »

Au cours du mois de novembre, les consultations se poursuivent. Mais la politique reprend vite ses droits, les régionales approchent. Il faut absolument tenter de jouer le va-tout pour éviter une déroute électorale à la gauche. Notamment dans le Nord-Pas-de-Calais. Le vendredi suivant, François

Lamy, fidèle lieutenant de Martine Aubry, sent son téléphone vibrer. Sur son écran s'affiche le nom de François Hollande : « Un meeting à Lille avec Martine et Manuel aurait un impact très fort. Les circonstances nous obligent. Je ne veux pas faire pression. C'est un message d'amitié. » Lamy répond juste : « C'est compliqué. » Le meeting n'aura jamais lieu.

Les députés socialistes, eux, continuent à voir en secret la garde des Sceaux. « Tu crois qu'on va vraiment le faire ? », « Tu peux l'empêcher ? » lui demandent-ils sous le sceau du secret. Le silence dure dix jours, puis, au bout d'une semaine et demie, les inquiétudes se font à bas bruit. « Plus je relis le texte, moins je me sens bien », confie Christiane Taubira, qui s'émeut car « la déchéance n'a jamais été évoquée avant le Congrès dans les réunions préparatoires auxquelles j'ai assisté », jure-t-elle. Tout s'est donc fait dans son dos.

Le 28 novembre, près de deux semaines après le discours de Versailles, Christiane Taubira est reçue à l'Élysée. « Je lâche tout. » D'abord, elle explique au président de la République qu'il ne s'est pas engagé à mettre la déchéance dans la Constitution. Deuxièmement, elle met en avant l'« inefficacité de la mesure » mais concède que « symboliquement, c'est extrêmement chargé ». François Hollande écoute. Dernier point. De poids. « Je rappelle que le débat a déjà eu lieu, avec une proposition de loi du député Les Républicains Philippe Meunier. Le Parlement a voté contre. » En effet, le 2 avril, l'Assemblée nationale avait rejeté une proposition de loi poussée par l'opposition qui prévoyait que la nationalité puisse être retirée à tout Français combattant la France, qu'il soit Français de naissance ou par naturalisation.

Avec tous ces arguments, Christiane Taubira pense avoir emporté le morceau. En coulisses, des ministres confient leur malaise. Cette disposition réclamée par l'extrême droite et la droite apparaît comme une concession accordée à l'opposition pour faire passer largement une réforme que la gauche ne peut pas voter toute seule. Un coup politique de François Hollande. Un changement de la Constitution doit en effet être validé par les trois cinquièmes des parlementaires. Sauf que la déchéance, c'est un casus belli avec des socialistes, qui se sont reveillés. « Enfin », souffle Christiane Taubira.

« Ce n'est pas une idée de gauche », déplore le patron du PS Jean-Christophe Cambadélis, rejoint par Martine Aubry et Anne Hidalgo. « À ce moment, voyant les dissensions internes, je pense que François Hollande espère un avis négatif du Conseil d'État », croit savoir Jean-Marc Ayrault, qui le rencontre un jour avant la sortie de cet avis dans *Le Monde*. L'ex-Premier ministre qui, mi-décembre, n'envisage pas un retour au gouvernement, lui expose tout son argumentaire et dit tout le mal qu'il pense de la réforme, et principalement de la déchéance. Le président le conforte. « Ne t'inquiète pas, on ne va pas la garder », lui aurait-il dit. La réforme doit être présentée en Conseil des ministres le 23 décembre. L'opposition, qui plaide pour le maintien de la déchéance, commence à faire pression sur l'exécutif. « Ce serait un mensonge de plus du président de la République », s'il venait à reculer. Manuel Valls aussi commence à faire fuiter ce qu'il pense de la déchéance. Avec certains de ses hôtes, il est catégorique : « Le débat est clos, c'est réglé, la déchéance a disparu. »

Le président poursuit de son côté ses rencontres, et beaucoup oublient une règle essentielle chez lui : tant qu'une décision n'est pas annoncée, elle n'est pas prise.

Le lundi 21 décembre au matin, Benoît Hamon arrive dans son bureau et insiste assez peu sur le fond. « Terreau défavorable », « sentiment de relégation ». Hollande hoche de la tête. « Oui, tu as raison, me répond-il, mais à aucun moment il ne me dit que c'est abandonné. » Benoît Hamon pense que ses arguments ont fait mouche. « À l'issue de l'entretien, il n'y avait aucun doute. La déchéance n'était plus dans le texte. » Il prévient tous ses proches pour les rassurer : « C'est bon, on a gain de cause. » L'après-midi, c'est cette fois une proche de François Hollande, Frédérique Espagnac, qui débarque à l'Élysée. Les deux se connaissent sur le bout des doigts, elle a longtemps géré sa presse quand il était premier secrétaire. Elle aussi milite pour que la déchéance ne fasse pas partie du texte. « Je lui fais part de mes doutes et notamment de mes réticences à voter une telle disposition. » Il me répond : « Tu n'auras pas à le faire ! »

Invitée par la radio algérienne Chaîne 3, la ministre de la Justice Christiane Taubira vend la mèche en affirmant avoir eu gain de cause. Quelques jours auparavant, la garde des Sceaux a vu en tête à tête François Hollande, qui lui a confié qu'« une solution autre que la Constitution allait être trouvée pour la déchéance », confie un membre du cabinet Taubira. Dans l'œil du cyclone, Christiane Taubira rentre le matin même, le mardi, d'Algérie, avec le sentiment de ne pas avoir commis de bourde. Surtout que son cabinet, en milieu d'après-midi, lui confirme à nouveau que, dans la dernière mouture du texte, la déchéance n'apparaît plus.

Mais tout est en train de se retourner. François Hollande a pris sa décision. Jean-Christophe Cambadélis croit avoir une explication. « Il est obsédé par le fait qu'il y aura d'autres attentats et qu'on commence à dire : "Qu'est-ce que vous avez fait, depuis le 7 janvier, après le 13 novembre ?" Il pense que, sans symboles, tels que la déchéance, au prochain attentat, les Français réclameront le rétablissement de la peine de mort. » Sa réflexion est donc aboutie, un jour avant le Conseil des ministres. Il n'avouera pas que la prise de position de Christiane Taubira l'a renforcé dans sa volonté d'aller jusqu'au bout et de punir cette garde des Sceaux à la langue bien pendue qui a lancé un début de polémique.

La surprise sera de taille, le lendemain, quand ses ministres découvriront le projet de réforme sur la table du Conseil. Il a tout de même fallu prévenir les premiers concernés. Notamment Bernard Cazeneuve, qui pensait également avoir eu gain de cause auprès du président à ce sujet. Le mardi après-midi, il a rendez-vous avec Manuel Valls à Matignon, ce qu'il pensait être l'occasion d'étayer encore davantage l'argumentaire contre la déchéance. François Hollande a aussi confié à son Premier ministre la délicate mission de prévenir la garde des Sceaux. Cette dernière croit se souvenir de la formule vague de Manuel Valls : « Il n'est pas exclu que ce soit dedans. » Vers 20 heures, le président la contacte à son tour. Le couperet tombe. « On a retourné les choses et on a réintégré la déchéance », balance franco le président. Christiane Taubira encaisse sans broncher.

« A-t-elle donné sa démission ? »

Le 23 décembre, veille du réveillon de Noël, avant la trêve des confiseurs. Tous les commentateurs ne s'imaginent pas qu'en coulisses s'est déroulé le revirement certainement le plus inattendu du quinquennat. Sur les antennes, les journalistes plastronnent sur le reniement du président. « Il n'a pas voulu aller jusqu'au bout », « Il n'a pas tenu la parole du Congrès »... Il va prendre tout le monde à rebours. Il adore cela.

Quand les ministres arrivent au palais, s'installent dans la salle du Conseil, le salon Murat, entre cour et jardin, leur premier réflexe, c'est de regarder le fameux projet. Mais le texte n'a pas encore été apporté. C'est le président lui-même qui annonce son coup de théâtre : l'extension de la déchéance de nationalité pour les binationaux nés Français reconnus coupables de faits de terrorisme figure bien dans le texte. Impossible de communiquer avec l'extérieur, les ministres n'ont pas le droit au portable pendant le Conseil. Ils se regardent, interloqués. Étonnamment, c'est Najat Vallaud-Belkacem qui fait part de ses doutes. « Ça peut être mal vécu », plaide la ministre de l'Éducation nationale. George Pau-Langevin est véritablement la seule à prendre la parole, dans un silence de cathédrale. « On n'a pas été élus pour ça, c'est très grave. Je suis très choquée », témoigne la ministre des Outre-Mer, visiblement très atteinte. Personne ne moufte mais « tout le monde pense la même chose. Moi-même, je suis dégoûté de voir que nous allons constitutionnaliser le programme du FN », se souvient un de ses jeunes collègues, anonymement. Le président joue la carte de l'apaisement. Très étonné, un ministre se souvient de ses propos : « Le débat est légitime, vous pouvez avoir des interrogations mais je vous demande de faire preuve de solidarité. »

Christiane Taubira est désavouée. Ses amis pensent qu'elle a déjà donné sa démission. « Elle ne peut pas accepter cet affront », dit l'un de ses fidèles compagnons de route. Cécile Duflot, tout de suite, lui envoie un SMS. « Fais tes bagages ! » François Hollande, lui, est fier de son coup. Il est là où on ne l'attend pas. « Dès lors que je m'étais prononcé au Congrès pour la déchéance et que j'avais évoqué une révision constitutionnelle, je ne pouvais plus reculer[1] », se justifie-t-il. Et voir le peuple de gauche s'éloigner ? « Ça va créer, on le sait, un malaise chez les militants. Mais ça ne me gêne pas. J'ai pris beaucoup de risques pour moi-même mais dans l'intérêt du pays. » Reculer ? Deux mois plus tard, c'est pourtant ce qu'il fera, provoquant par sa faute des secousses au sein de sa majorité. Début janvier, Christiane Taubira est

1. Entretien avec l'auteur, 30 janvier 2016.

rentrée de Guyane. Elle a conservé le silence. De plus en plus, ses amis doutent d'elle, de ses convictions. Un lundi matin, elle s'enferme dans son bureau, prend sa plus belle plume et commence à écrire. Son livre ? Non. « Une lettre manuscrite de six pages », raconte un ancien membre de son cabinet. Un courrier adressé à François Hollande, qu'elle est allée elle-même remettre au motard du ministère pour qu'il dépose le pli en main propre à l'Élysée. « Tous les matins, c'est certain, il prie ses grands dieux pour que je la boucle », confie-t-elle en privé.

Le départ d'une des dernières cautions de gauche

Ses amis la conjurent de « se barrer ». Elle multiplie les déjeuners avec Pierre Joxe, Mona Ozouf, Patrick Weil. Chaque fois, même rengaine. Tous, sans se concerter, lui conseillent de démissionner. Benoît Hamon aussi, avec qui elle dîne souvent. Il se souvient notamment d'un dîner avec l'humoriste Jamel Debbouze à son domicile où il avait senti Taubira « très atteinte ». Les membres de son cabinet, eux aussi, ont des doutes. « À un moment, on s'est dit, elle reste pour la voiture de fonction, pour le salaire. C'est terrible de penser cela quand on travaille avec une grande dame comme elle. » Le 26 janvier, quand elle annonce, un jour avant l'officialisation de sa démission, à son cabinet les raisons de son départ, ils poussent tous un ouf de soulagement. « On était rassurés, elle a des convictions. » François Hollande, qui a tout fait pour l'empêcher de partir, perd une de ses dernières cautions de gauche. C'est un peu l'histoire de l'arroseur arrosé. Le président vient de dynamiter son camp en appuyant lui-même sur le bouton.

« On les aura, ces traîtres ! »

Depuis un certain temps, Christiane Taubira ne cachait plus son agacement. À la sortie d'un spectacle auquel elle assistait, ovationnée par le public, l'humoriste, qui se fait voler la vedette, sourit : « Les gens lui disaient : "On vous adore", "On croit en vous", "Mais pourquoi vous restez ?" Elle, au bout d'un moment, leur a répondu : Ne vous inquiétez pas, on les aura, ces traîtres !" » Ces traîtres ? De qui parlait elle donc ? Avec son départ retentissant, François Hollande se retrouve à un an et demi de l'élection présidentielle avec un gouvernement à la « cohérence » retrouvée, mais à l'assise politique de plus en plus rétrécie. Il a toutefois accepté qu'elle quitte le gouvernement, alors même que, quelques jours plus tard, il devait remanier son équipe : « C'est elle qui n'a pas voulu attendre. Demandez-lui ! » Comprenez, son ex-garde des Sceaux a voulu soigner sa sortie.

Le cas Taubira réglé, reste maintenant à tenter de trouver une porte de sortie satisfaisante pour la majorité, et avec l'opposition. Ils ne la franchiront jamais. Avec l'opposition, le deal a été passé entre François Hollande et Nicolas Sarkozy, à l'occasion d'un de leurs tête-à-tête. La grande majorité des responsables du parti Les Républicains s'est prononcée, à la demande de Nicolas Sarkozy, en faveur de la réforme constitutionnelle. Finalement, l'Assemblée nationale vote par 317 voix contre 199 le projet de révision constitutionnelle le 10 février sans faire mention des binationaux pour éviter toute « discrimination ». Le texte part au Sénat et n'y survivra pas. Les sénateurs le votent certes, mais il diffère de celui adopté par les députés quelques semaines auparavant, en ce qu'il réserve la déchéance de nationalité aux seuls binationaux pour éviter la création d'apatrides… On revient aux fondamentaux, à la nature même du discours de Versailles. Entre la majorité de l'Assemblée, rétive à la notion de binationalité, et celle du Sénat, très attachée à son texte, qu'elle estime plus proche du discours de François Hollande fait devant le Congrès, la synthèse était impossible. Ce vote scelle la fin de la déchéance de nationalité, puisque, pour aller au Congrès, le texte doit avoir été voté dans les mêmes termes par les deux Chambres.

François Hollande a tenté de parvenir à la synthèse la plus aboutie de sa carrière. Un nouveau sommet d'équilibrisme. Par tous les moyens, le président a tenté de sortir par le haut de cette crise dont il est lui-même le responsable. La déchéance a profondément dégradé l'image présidentielle. François Hollande a fait voler en éclats la fragile unité nationale esquissée au lendemain des attentats tragiques du 13 novembre, et beaucoup de ses amis clament en chœur, ce 30 mars 2016 : « Il ne peut s'en prendre qu'à lui-même. » Deux mois jour pour jour auparavant, François Hollande avait lâché en fin d'interview ces quelques mots, comme pour se défausser d'un échec programmé : « Peut-être n'y aura-t-il pas la révision constitutionnelle, je n'en sais rien, mais on ne pourra pas dire que c'était de ma responsabilité[1]. »

1. Entretien avec l'auteur, 30 janvier 2016.

11

Du dialogue au monologue social

« Depuis Léonarda, on n'avait pas connu pareil pataquès. » Ce ténor socialiste de l'Assemblée n'en croit pas ses yeux, après que l'exécutif a voulu interdire, puis a finalement autorisé la manifestation du 23 juin 2016. Arnaud Montebourg sourit et parle de « léonardite ». Delphine Batho, en début de quinquennat, avait coutume de dire : « Avec nous, le pire n'est jamais sûr. » Ordre, contrordre, désordre. Oui mais non, puis oui. Une énième volte-face qui entache le gouvernement. Que se passe-t-il au sommet de l'État ?

« C'est politiquement, moralement et stratégiquement idiot »

Depuis les débordements et dégradations en marge de la manifestation du 14 juin, la ligne semble pencher vers l'interdiction. François Hollande lui-même, en Conseil des ministres, prend position : « Nous sommes dans un État de droit et nous respecterons toujours les libertés, le droit de manifestation et de grève. Mais cela ne peut déboucher sur des attaques et des dégradations de biens publics. Nous n'autoriserons plus ce type de manifestation si des garanties ne sont pas données. » En coulisses, Bernard Cazeneuve ne ménage pas sa peine, cherchant une solution pour parvenir à un accord avec les syndicats. François Hollande et Bernard Cazeneuve sont plutôt opposés à une interdiction ferme de manifester. Manuel Valls, lui, y est favorable. Dans la soirée de mardi, c'est le Premier ministre qui emporte l'arbitrage présidentiel. Comme souvent, François Hollande lui donne raison. Et comme souvent, quand il veut l'emporter, Manuel Valls met sa démission dans la balance, en affirmant que « si la manif n'est pas interdite, il en tirera les conséquences ». Cazeneuve, qui craint qu'une manifestation interdite ne provoque encore plus de troubles, rentre furieux place Beauvau et envoie un SMS assassin à François Hollande : « C'est politiquement, moralement et stratégiquement idiot. »

La décision est donc actée le mardi soir. Qui doit en endosser la responsabilité ? Personne ne le souhaite vraiment. Quand la préfecture de Police annonce l'interdiction par communiqué, tout rebascule. L'Élysée commence par se dérober par la voix de Gaspard Gantzer, qui affirme que « le président a laissé les responsables de l'ordre public discuter avec les organisateurs de la manifestation. » Il ne s'agit donc pas d'un « arbitrage » du chef de l'État mais d'« une décision de gestion opérationnelle de l'ordre public ». Faute d'appréciation, qui considère que cette décision devait se prendre techniquement plus que politiquement. Bernard Cazeneuve rentre fissa place Beauvau pour rencontrer la CGT et FO. Le ministre de l'Intérieur est excédé. Il leur glisse : « On est chez les fous ! » Même Laurent Berger, le patron de la CFDT, pourtant ardent défenseur de la loi, envoie un message au couple Hollande-Valls : « Vous faites une énorme connerie. » Finalement, peu avant 13 heures, face à la grogne et à l'indignation suscitées par l'interdiction de la manifestation, cette dernière est autorisée.

L'exécutif perd la face. Un changement de pied de François Hollande qui s'explique par le statut du président, qui, tout le monde l'a compris, sera candidat à la primaire de son camp. Mardi soir, le président assume l'interdiction de manifester en raison, entre autres, de l'état d'urgence. Mercredi, le candidat se rend bien compte que la situation est intenable : en remettant en cause le principe de manifester, il prend le risque de se mettre à dos une partie de son camp.

Quelques jours plus tard, pour tenter à nouveau de sortir par le haut, le député Olivier Faure, longtemps réputé proche de François Hollande, sort de son chapeau un amendement « casque bleu ». Avec cent vingt-deux autres députés socialistes, Olivier Faure propose ainsi, pour l'article 2 sur la hiérarchie des normes, qu'« un accord d'entreprise ne puisse pas fixer une rémunération des heures supplémentaires inférieure à 25 % de majoration pour les huit premières heures supplémentaires et à 50 % pour les suivantes », contre 10 % pour le gouvernement. Cet amendement garantit le soutien des frondeurs et aurait pu permettre d'éviter un nouveau recours au 49.3. Balayé d'un revers de main par Manuel Valls. « Compromis », hurlent les cent vingt-trois députés de gauche. « Compromission », leur rétorque le Premier ministre. C'est surtout François Hollande qui, en coulisse, a sifflé la fin de la récréation en condamnant l'initiative du député PS. « Si on voulait torpiller la loi travail, on ne s'y serait pas pris autrement », a confié le chef de l'État en petit comité. Cette loi a été adoptée le 21 juillet dernier mais a laissé des dommages irréparables.

Cette affaire dans toutes ses composantes révèle, outre le manque de flair du président, une véritable cassure avec les syndicats et une observation biaisée de ce qu'est la société française. Au cours d'un déjeuner de presse au mois de mars 2016, pourtant, elle lui avait paru « moins hystérisée ». François Hollande estime qu'il a réussi, c'était une promesse de campagne, à apaiser la société : « À l'inverse de sous Sarkozy, il n'existe plus de catégories sociales qui s'opposent. » Le jusqu'au-boutisme de l'exécutif a eu une conséquence. Le fossé s'est creusé irrémédiablement entre celui-ci et une partie des organisations syndicales.

« Le pays est fatigué, ça va passer comme une lettre à la poste »

« Attaquer les syndicats, c'est attaquer les salariés, clame François Hollande lors de son meeting de campagne à Rennes, le 6 avril 2012. Moi président de la République, je ferai en sorte que les partenaires sociaux puissent être considérés aussi bien que les organisations professionnelles », poursuivra-t-il face à Nicolas Sarkozy lors du débat d'entre-deux-tours de la présidentielle. Quatre ans plus tard, à l'Élysée, on dément formellement un changement de ligne. « Celle de 2012 reste sensiblement la même. Ce qui a évolué, c'est l'avis sur X ou Y car, au final, pour François Hollande, on n'a pas été gâté sur la distribution », souffle un proche conseiller du chef de l'État. Dans le viseur ? « Martinez et Gattaz ». L'un, le patron du MEDEF, est d'« une fiabilité douteuse ». L'autre,

Martinez, « n'est pas plus dur que ses prédécesseurs, mais il a un physique de guérillero ».

En octobre 2010, François Hollande s'indignait contre la décision du gouvernement Fillon de mettre fin aux blocages : « Ce n'est pas aux politiques de dire ce que les syndicats doivent faire. » Six ans plus tard, le chef de l'État dénonce à son tour la « stratégie de blocage » de la CGT. Pourquoi le président a-t-il adapté son discours, en changeant de casquette ? « Péché d'orgueil », « entêtement », répondent des socialistes.

« Il a l'air heureux d'avoir fait plier la CGT », s'énerve une de ses très fidèles visiteuses du soir. Même Ségolène Royal s'est montrée irritée quand l'hypothèse du 49.3 sur la loi travail a été évoquée, quelques jours avant l'arrivée du texte à l'Assemblée. « Vous ne pouvez pas le faire passer ainsi », assène la ministre de l'Écologie. François Hollande lui répond du tac au tac : « Le pays est fatigué, ça va passer comme une lettre à la poste. » Quelques jours plus tard, alors que la grogne monte, François Hollande et Manuel Valls appellent le gouvernement à la solidarité. « Vous n'avez consulté personne, vous êtes restés entre vous, balance Royal à un exécutif médusé. Je vous avais prévenus, donc ça ne sert à rien de demander notre aide maintenant. » Bernard Cazeneuve avait alerté ses collègues du gouvernement. « Un jour, il est arrivé en colère d'une réunion à l'Élysée, raconte un de ses fidèles lieutenants. “Vous vous rendez compte, ils veulent dégainer le 49.3 dès le premier jour de l'étude du texte.” Je leur ai dit : “Vous faites ça, c'est la révolution”. »

« Rester inflexible »

La révolution. Julien Dray pense que la France est en train de la vivre. « Ce qui se passe, c'est la reconstruction du mur de Berlin entre les socialistes et la gauche révolutionnaire », assure l'ami du président. Il en est certain, ce que cherchent les organisations syndicales, c'est la bataille idéologique. « On est loin de la loi travail. Le véritable but pour la CGT et pour l'extrême gauche, c'est de faire la peau aux socialistes. »

Les révolutionnaires contre les réformistes. François Hollande endosse le costume de la réforme, persuadé d'avoir raison avant tout le monde. « Ma méthode est la bonne », répète en boucle le chef de l'État en réunion de cabinet, comme s'il voulait s'en convaincre, et il charge ses conseillers de propager tous les éléments de langage possibles pour discréditer la CGT. « La CGT est partie sur Mars », susurre un proche du président. Le patron de la centrale, Philippe Martinez, est devenu l'une des têtes d'affiche de la contestation sur la loi travail. La lutte, le secrétaire général de la CGT en connaît un rayon. Le moustachu, rugueux, observe un cruel manque de dialogue entre les syndicats et le gouvernement. Il refuse de rencontrer François Hollande, car il refuse d'avoir « une tête d'alibi ». Martinez n'a eu droit qu'à des tête-à-tête avec Manuel Valls qui, en privé, se vantait de vouloir tester une nouvelle méthode de négociation sur cette loi : « Rester inflexible », et Myriam El Khomri, la ministre du Travail choisie par François Hollande en septembre 2015. Inexpérimentée, impréparée, à l'Assemblée nationale, on se souvient même que la commission spéciale sur la loi travail a été repoussée, « parce qu'elle n'était pas prête ». En privé, elle ne défend pas farouchement la ligne Hollande et ne cache pas son agacement contre le chef de l'État. « C'est un amateur », l'ont entendue dire à plusieurs reprises ses proches.

Comme souvent, François Hollande a une méthode : diviser pour mieux régner. Pour le député PS Christian Paul, « le chef de l'État renonce à rassembler, dynamite sa majorité pour dissuader ses concurrents et casse le monde syndical en refusant de dialoguer avec ceux qui rappellent les principes, en conscience ». Jean-Claude Mailly, le secrétaire général de Force ouvrière, lui aussi en première ligne dans la lutte contre la loi travail, en est persuadé : « Si la précédente majorité avait fait cette loi travail, le Parti socialiste serait descendu dans la rue avec nous. François Hollande nous instrumentalise avec Laurent Berger. Il se croit toujours au bureau national du PS », dégaine le patron de FO, adhérent du Parti socialiste. Cécile Duflot pense aussi que « le président a joué sur l'opposition Mailly-Berger sans percevoir le rôle important que pourrait jouer Martinez ».

Pas un SMS du gouvernement pour soutenir les salariés d'Air France

La fracture entre la CGT et le gouvernement s'est renforcée avec la loi travail mais c'est le conflit à Air France en fin d'année 2015 qui l'a véritablement consacrée. Les images ont fait le tour du monde. Pour cause, un DRH, chemise arrachée, visage en sang, qui escalade avec un de ses collègues un grillage pour fuir une « horde » de syndicalistes en colère. Du pain béni pour… tellement de monde. Le lendemain soir, à peine a-t-il atterri d'un long voyage au Japon que Manuel Valls sent l'aubaine et l'occasion d'affirmer son autorité. Le Premier ministre fait un crochet au siège de la compagnie à Roissy-Charles-de-Gaulle. Derrière lui, Xavier Broseta, DRH de la compagnie, et Pierre Plissonnier, DRH du long-courrier, costumes impeccables, chemises repassées, et le P-DG de la compagnie, Alexandre de Juniac.

Manuel Valls fustige des « images qui font mal à notre pays » et l'« œuvre de voyous ». François Hollande, lui, garde le silence et ne se mouille pas trop.

Au fait, il parle de qui, de quoi ? Du plan de licenciement qui va concerner près de 3 000 salariés de la compagnie ? Non. Un Premier ministre socialiste, représentant certes de l'aile droite, vient apporter son soutien à des dirigeants qui ont été secoués. Dans le gouvernement Valls, personne n'a pris fait et cause pour les salariés. Pas un petit mot passé en coulisses. Rien. Le rare soutien qu'ils ont reçu des socialistes, c'est, parmi les plus emblématiques, celui de Catherine Lemorton, la présidente PS de la commission des Affaires sociales à l'Assemblée, qui d'emblée a pointé du doigt le « manque de dialogue social réel » au sein de l'entreprise.

« On a demandé à voir Ségolène Royal, qui a toujours refusé », regrette Miguel Fortéa, secrétaire général du syndicat CGT d'Air France, dans son bureau, sur les murs duquel il a placardé des affiches du… Che. Guevara. Pas Chevènement. Il se souvient qu'en 2012 la plupart des adhérents ont voté Hollande à la présidentielle. « C'était certes un vote anti-Sarkozy, il y avait de l'espoir. Aujourd'hui, plus personne ne croit en lui. Les puissants sont impunis, les petits sont cloués au pilori. » Aux régionales qui ont suivi deux mois plus tard, il n'a pas fait le calcul, mais, en discutant avec ses camarades, il s'est rendu compte que « quasiment personne ne s'était rendu aux urnes ». Un long silence. « Plus jamais » il ne votera socialiste.

Un monologue social

L'affaire Air France témoigne d'« une déconnexion totale », annonciatrice, dit Catherine Lemorton en février 2016, d'« une réforme du Code du travail qui sera plus axée vers les entreprises que vers les salariés ». Et, avec cette loi travail, l'enterrement du mantra de François Hollande : le dialogue social.

Pourtant, le 9 juillet 2012, dans son discours d'ouverture de la grande conférence sociale, François Hollande réaffirme son intention d'inscrire dans la Constitution le rôle du dialogue social et la place des grandes organisations représentatives. Le président nouvellement élu fait de ce dialogue quasiment l'alpha et l'oméga de sa politique sociale. Pas de décisions sans, au préalable, des discussions avec les représentants salariaux et patronaux. Au début, comme beaucoup, la CGT y croit. Lors de leurs rares entretiens, des « discussions de salon », comme les appelle Martinez, François Hollande se montre toujours avenant. « Il a l'air d'écouter, il dit parfois qu'il est d'accord avec moi », reconnaît-il.

Mais, derrière les paroles, les actes, il assure ne jamais les voir venir : « Ils ne vivent que *via* des concepts, des dogmes, dans un monde qui n'est plus le nôtre. » Le règne de la technocratie et de la finance. À ceux qui accusent la centrale de vivre dans un monde archaïque, Martinez prétend quant à lui incarner la modernité. « Faire travailler les gens plus que la génération précédente, ce n'est pas être moderne. » Faute de majorité au Congrès, le projet a été remisé. Depuis, la Confédération boycotte la conférence sociale, les cérémonies de vœux.

Le dialogue avec le gouvernement est au point mort. Le secrétaire général cherche des signaux vis-à-vis de sa base, son électorat traditionnel. Il s'étouffe en découvrant le soutien inattendu de Nicolas Sarkozy aux salariés de Goodyear, condamnés à vingt-quatre mois de prison, dont neuf ferme, pour avoir retenu deux cadres de l'entreprise. Avant d'assister à une messe de réparation à l'église Saint-Louis de Fontainebleau, le patron des Républicains s'est entretenu avec trois représentants de la CGT de l'union locale de Nemours. « Comme citoyen, Nicolas Sarkozy nous a répondu qu'il était pour la relaxe. Et il a ajouté que, s'il avait été président, il n'aurait pas été d'accord avec la décision du parquet, le procureur ayant relancé la plainte alors que la direction de l'entreprise l'avait retirée », rapporte Nicolas Bruant, de la CGT. Le monde à l'envers, pense Martinez, qui rapporte qu'en fin d'entretien l'ex-président a glissé à ses interlocuteurs : « La CGT doit assumer d'avoir appelé à voter Hollande avant l'élection présidentielle de 2012 ! » Derrière sa moustache, on voit poindre un léger sourire coquin. En mai 2012, la Confédération n'avait pas appelé explicitement à voter Hollande, elle avait simplement précisé : « Sarkozy, on n'en veut plus. » Cette fois, « ce qui est sûr, relève Martinez, dans un an, on ne se positionnera pas, sauf si le FN est en passe de l'emporter ».

Un bon départ en 2012

La rupture entre une partie des syndicats et le gouvernement est clairement consommée. Demandez à Jean-Claude Mailly, le patron de FO. Déjà, dès l'arrivée de François Hollande, il avait senti l'enfumage et la rupture. Elle est intervenue très rapidement, notamment avec la promesse de la renégociation du traité européen.

La grande conférence sociale avait pourtant marqué un bon début. Jean-Claude Mailly se rappelle : « Elle ne se passe pas trop mal. Les syndicats ont même un droit de regard sur le discours du Premier ministre, que nous parvenons à amender. » Avec Jean-Marc Ayrault, les rapports sont au beau fixe. Il écoute, entend, dialogue, discute, débat, associe. Bref, il est dans la ligne gouvernementale, celle du dialogue social.

2014. Amorce du « virage libéral », lance Mailly. « Mais, en même temps, le président n'assume pas cette conversion. » Lors de la conférence de presse du 14 janvier, dans la salle des fêtes de l'Élysée, devant toute la presse politique, il répète à tue-tête : « Je suis social-démocrate. » Un manque de courage évident, pour le numéro un de Force ouvrière. « Nous aurions été en désaccord, mais le courage aurait été d'annoncer un allègement du coût du travail et d'assumer publiquement la pente social-libérale. »

Jean-Claude Mailly possède sa carte du Parti socialiste depuis trente ans, il est adhérent du 14e arrondissement. Il a toujours su concilier son appartenance syndicale et son militantisme, sans jamais les mélanger. Un principe auquel il s'était toujours plié sans jamais faillir. Il se présente comme proche de Martine Aubry, « une amie », mais fréquente François Hollande depuis vingt ans : « Lui, je m'en méfie. » Il prend l'exemple de Sarkozy pour étayer son propos : « Avec lui, c'est oui ou c'est non. C'est clair. » Avec Hollande, « c'est ni oui ni non. C'est une causerie au coin du feu ». Définitivement, le chef de l'État se serait-il coupé des syndicats, car il n'assumerait pas son discours ? « Peut-être, reconnaît le numéro un de Force ouvrière. Ce type est un galet, disait Rebsamen. Il n'a pas d'affect. Rien ne l'atteint. »

Pourtant, Mailly n'a eu de cesse qu'il ne mette en garde le gouvernement, qu'il ne prévienne des risques encourus à force de se couper des syndicats. « N'ayez jamais un seul interlocuteur privilégié », leur a-t-il martelé. Avec Ayrault, les messages étaient transmis et entendus. Avec Valls, ce n'est plus le cas. Le partenaire unique du gouvernement est devenu la CFDT, même si, en privé, Laurent Berger ne cache plus son agacement quand il évoque la méthode Hollande-Valls sur la loi travail : « C'est un gouvernement de nuls », ose-t-il. À la conférence sociale de 2015, s'agaçant de la lenteur des interventions, vu que toutes les centrales syndicales et patronales sont invitées à s'exprimer, le président de la République sort son atout majeur, l'humour : « Ce serait bien s'il n'y avait qu'un seul syndicat et une seule organisation patronale… » Sous-entendu, ce serait plus rapide. Sans se démonter, Mailly lui a rétorqué, répondant à la provocation : « Et un seul parti, aussi ? » François Hollande n'a pas bronché.

12

Lost in transgression

Connaissez-vous Naevius Sutorius Macro ? Nous sommes en 21 avant Jésus-Christ. Naevius Sutorius Macro, surnommé… Macron dans les livres d'histoire, est un ancien préfet du prétoire romain du Ier siècle. Selon Tacite et Dion Cassius, le préfet Macron serait l'assassin possible… de l'empereur Tibère. Tibère dit le Mal-Aimé. Deux millénaires plus tard, l'histoire se répéterait-elle au sens figuré ? La guerre que se livrent François Hollande et Emmanuel Macron s'annonce sans limites. Entre le maître et l'élève. Le père et le fils spirituel. Quelques jours avant le meeting de Macron à la Mutualité, le 12 juillet dernier, le président a bien du mal à garder son flegme. « Le problème n'est pas de savoir si Macron veut démissionner du gouvernement, mais si le gouvernement a encore envie de le garder », glisse-t-il à ses collaborateurs. Entre les deux, la guerre est déclarée. Réputé impassible, ne laissant rien transparaître, François Hollande n'avait déjà pas réussi à cacher son énervement, en public, lors de cette visite de l'entreprise danoise Novo Nordisk, leader mondial de la fabrication d'injecteurs d'insuline, le 21 avril dernier. Ce jour-là, Emmanuel Macron n'en fait qu'à sa tête, pérorant avec son habituel sourire aux lèvres. Dès le début, il est à la traîne. Le président attend son ministre. Le plus souvent, il s'écarte, reste à une distance raisonnable de quatre à cinq mètres derrière. « Emmanuel n'est pas là ? » interroge François Hollande en le cherchant du regard. Puis, d'un coup, il s'énerve franchement : « Il est où, Macron ? » Le ministre de l'Économie est pourtant juste derrière lui. « Ah, il est là ! » sourit-il, comme rassuré. Emmanuel Macron a-t-il décidé d'en découdre ?

« On ne réussit jamais tout seul, témoigne Stéphane Le Foll. Si tu prétends "être avec nous mais sans être avec nous", à terme, devant les Français, ça ne peut pas marcher. » Mais Emmanuel Macron ose tout. Même le droit d'inventaire du quinquennat, comme si lui, l'ancien secrétaire général adjoint de l'Élysée, devenu quelques mois après son départ ministre de l'Économie, ne pouvait pas être comptable du bilan du gouvernement depuis 2012. En plus, il ringardise Manuel Valls car il n'y a pas assez de place sur l'échiquier politique pour deux représentants de l'aile droite du PS et du social-libéralisme à la française. Ce qui n'est pas pour déplaire à François Hollande au départ. Le Premier ministre a très vite senti le danger

Macron, celui qu'il appelle « le Communicant », ou plus trivialement « Microbe »... Même en public, le chef du gouvernement ne s'empêche pas de lancer quelques piques comme lors de ses vœux à la presse, où il déclare sans ciller : « Dans la vie politique, il faut mettre de côté un certain narcissisme, un certain égocentrisme, pour se consacrer essentiellement à l'intérêt général. » Devinez qui il vise... Ou même cette scène improbable, en pleine Assemblée nationale, pendant des questions au gouvernement. Publiquement, tout est filmé, et les ministres sur les bancs écarquillent leurs yeux. Manuel Valls tance son ministre de l'Économie et lui cite une interview accordée la veille à *Sud-Ouest*, dans laquelle il s'en prend à la « caste politique ». On peut lire sur les lèvres. Manuel Valls : « C'est inacceptable. Pourquoi tu dis ça ? » Emmanuel Macron : « Je suis d'accord avec toi, c'est Juppé que je visais. » Manuel Valls, fou de rage : « Mais alors, dis-le ! Dis-le ! » Quand ce n'est pas le Premier ministre, c'est son cabinet qui passe à l'assaut. « Emmanuel est un jeune chien fougueux. La vérité sur Macron, glisse un membre du cabinet Valls, il ne sait pas travailler en équipe. »

Pendant très longtemps, François Hollande a donc compté les points avec délectation, entretenant la rivalité Valls-Macron. Pour Arnaud Montebourg, la stratégie présidentielle est limpide :

« Valls a été mis au gouvernement par Hollande pour trianguler Sarkozy ; Macron, lui, est là pour trianguler Juppé. » Cette entremise aurait pu apparaître comme un coup d'éclat de la part du président : laisser deux fauves s'affronter dans une même arène, l'un parvenant à tuer l'autre, tout en étant affaibli par les blessures causées par ce combat. Manuel Valls, lentement, a dû se résoudre à baisser pavillon. « Macron fait à Valls ce que Valls a fait à Ayrault », explique un ténor du Parti socialiste. Mais le duel Valls-Macron a très vite tourné au match Hollande-Macron. Le président, en tacticien, a introduit un loup faussement doux et trop brillant dans la bergerie.

Manuel Valls ne s'y trompe pas. Dans l'avion qui le mène en Nouvelle-Calédonie, fin avril 2016, il livre ces quelques confidences, après avoir été interrogé sur ses relations souvent décrites comme tendues avec son impétueux ministre : « Je crois que ce n'est pas avec moi, maintenant, que c'est tendu, glisse-t-il, dans un sourire, refilant le bébé à l'Élysée. Ce n'est pas moi non plus qui l'ai invité à des réunions à l'Élysée en petit comité », poursuit-il. Une manière de dire que la créature Macron semble échapper à son maître Hollande. Et Manuel Valls semble s'en délecter. Quelques jours avant le fameux meeting qu'a organisé Emmanuel Macron à la Mutualité pour son mouvement En Marche !, le 12 juillet, le Premier ministre, en visite en Corse, très détendu, se livre au jeu des confidences. Question d'un journaliste : « Un meeting de Macron deux jours avant l'interview du 14 juillet de François Hollande, ce n'est pas une provocation ? » Réponse franche de Valls : « Moi j'ai déjà fait un meeting le 13 juillet, je suis devenu Premier ministre, sourit le chef de la majorité. Macron est un petit joueur, il aurait pu faire son meeting le 14 juillet au petit matin[1]. » Macron fera son meeting, posera des jalons pour 2017 mais recevra en guise d'avertissement présidentiel une chiquenaude. Le 14 juillet, François Hollande lui rappelle deux règles : solidarité et nécessité de « servir jusqu'au bout ». « Respecter ces règles, c'est rester au gouvernement. Ne pas les respecter, c'est ne pas rester. » Qu'il est loin le temps du « Je décide, il exécute », lancé par Jacques Chirac à Nicolas Sarkozy.

« Macron, c'est une sorte de miroir renvoyé à Hollande »

L'ex-banquier à l'ascension fulgurante et le président de la République se sont longtemps respectés, avant de s'affronter en coulisses. Les raisons de cet affrontement trouvent leur origine dans

1. Le 13 juillet 2013 à Vauvert, comme ministre de l'Intérieur.

une forme de blessure narcissique ressentie par François Hollande. Un de ses anciens amis, loin des considérations psychologiques, a une hypothèse : « Macron, c'est une sorte de miroir renvoyé à Hollande. » Avec son jeune conseiller puis ministre, il tente d'exorciser son passé. « Macron est devenu secrétaire général adjoint en 2012, il était très en vue au palais, alors que lui, au début des années 1980, tout juste conseiller technique, a été effacé par Ségolène Royal, elle-même au cabinet, et ignoré par Mitterrand, qui n'avait d'yeux que pour cette dernière. » En août 2014, Macron est promu ministre. « Un poste que François Hollande n'a jamais occupé », rappelle ce compagnon de route. Tout est dans la frustration. Mais, en faisant monter les marches du pouvoir à Emmanuel Macron, c'est comme si François Hollande revivait ses longues années de pénitence, loin des ors de la République. Lui, obligé de partir à la conquête d'une circonscription rurale dans une Corrèze dont il ignore tout, pour obtenir un semblant d'attention de François Mitterrand, et propulsé premier secrétaire du PS, alors qu'il se rêvait ministre. Aveuglé par l'image renvoyée par son ex-conseiller, le chef de l'État a oublié ce que beaucoup ont perçu très vite chez Emmanuel Macron, qui opère sa mue à une vitesse considérable. Comme bon nombre de « politiques », il est sans foi ni loi. Il manie le cynisme et l'ironie à la perfection comme son aîné. Lors d'un déplacement dans le Pas-de-Calais, nous évoquons les ratés du quinquennat, notamment les péchés originels. Arrive sur la table la question du fameux contrat de générations, cette mesure promise par François Hollande en 2012 visant à favoriser le maintien en emploi d'un senior et en contrepartie l'embauche en CDI d'un jeune, le premier faisant profiter au second de son expérience. Un dispositif qui n'a jamais vraiment montré son utilité. Je demande au ministre de l'Économie : « Vous en avez signé un, vous, avec François Hollande ? » Grand éclat de rire et réponse immédiate d'Emmanuel Macron : « C'est le but. »

Hollande exige d'intégrer Macron à son cabinet

Entre les deux hommes, dès la première rencontre, le courant passe tout de suite. Nous sommes en 2010. Le député socialiste peine à exister face au mastodonte DSK, mais, tout doucement, il organise sa campagne des primaires. Tous les lundis matin, un de ses amis, André Martinez, ex-dirigeant d'Accor et de Morgan Stanley, avec lequel l'élu socialiste avait créé à HEC en 1974 une association de soutien à François Mitterrand, organise chez lui les « petits déjeuners du lundi ».

Autour de la table, Jean-Pierre Jouyet, Jean-Marc Janaillac (tout juste promu patron d'Air France), Christophe Chantepy, l'ex-directeur de cabinet de Jean-Marc Ayrault à Matignon, Manuel Flam, l'ancien directeur de cabinet de Cécile Duflot au Logement, Laurent Olléon, ex-directeur de cabinet adjoint de Marylise Lebranchu… et Emmanuel Macron, alors jeune banquier d'affaires, qui s'est fait un nom chez Rothschild. François Hollande le repère tout de suite. Il est impressionné par la vitesse d'exécution de ce jeune homme qui gravite autour des cercles socialistes. Un ancien de ces petits déj' se souvient de Macron « tenant le crachoir, monopolisant la parole à chaque réunion ». Le jeune homme séduit très vite François Hollande, qui ne l'intègre pas pour autant à son dispositif de campagne, une fois la primaire emportée.

En 2012, Emmanuel Macron est tout occupé à piloter chez Rothschild le rachat par Nestlé de la branche nutrition infantile de Pfizer. Un contrat de près de 9 milliards d'euros, dont il a touché une partie. Personne ne sait combien, mais « assez pour être à l'abri du besoin jusqu'à la fin de ses jours », écrira le quotidien *Libération*. Sa quote-part est certainement l'un des secrets les mieux gardés. Il paraît qu'à Matignon et à l'Élysée on s'y intéresserait de très près. Absent de la campagne, mais, dès le 6 mai 2012, le banquier Macron refait son apparition. François Hollande n'a qu'une exigence pour son futur cabinet : intégrer le brillant énarque. Ce dernier a des exigences. Le président fraîchement élu lui propose le poste de sherpa, chargé donc de la préparation des sommets internationaux. Il refuse et exige de devenir secrétaire général adjoint. Le bras de fer commence et durera quelques jours. Finalement, le chef de l'État rouspète, fait pression. L'autre met dans la balance qu'en acceptant de venir travailler à ses côtés il divisera sa rémunération par dix. À l'époque, Emmanuel Macron gagne plus de un million d'euros par an, comme l'atteste sa déclaration de patrimoine. François Hollande cède.

Durant ses deux années à l'Élysée, le secrétaire général adjoint, le SGA, enchaîne les notes, travaille d'arrache-pied, séduit quiconque le croise, personne ne peut rester insensible à son sourire. « Salut. Tu vas bien, toi ? » lance Macron à ses collègues, à qui il impose d'emblée le tutoiement. Même Arnaud Montebourg tombera dans le piège au moment de la négociation sur Florange. Plusieurs mois après, l'un succédera à l'autre. L'ex-banquier fait ses armes au palais. Avec François Hollande, il travaille en confiance. Emmanuel Macron dépeint le président comme un homme « très constant, il peut parfois s'énerver mais c'est rare. Il est au fond assez secret. Il a un tempérament très égal et jovial ». Mais, comme souvent, François Hollande a tendance à écarter ceux qui prennent trop la lumière. En mars 2014, Manuel Valls, devenu Premier ministre, s'est aussi entiché – il changera vite d'avis – de ce jeune conseiller brillant. Pour composer son premier gouvernement, il soumet son nom au président pour lui attribuer le poste de secrétaire d'État au Budget. Refus. Sans trop savoir si ce désaveu a un lien, Emmanuel Macron quittera le palais trois mois après.

Il fait un retour fracassant fin août 2014. Arnaud Montebourg doit quitter le gouvernement. Pour le remplacer, la solution Macron paraît une évidence et un affront fait à son prédécesseur, l'un tenant une ligne très à gauche, l'autre plutôt social-libérale. Les débuts sont chaotiques et, très vite, le nouveau ministre doit porter sa première loi dite loi Macron. Il fait ses premières erreurs. Le lundi 2 février 2015, dans l'hémicycle de l'Assemblée nationale, en plein examen de son projet de loi, Emmanuel Macron annonce publiquement avoir reçu des menaces de mort de la part d'officiers publics ministériels. Menaces suffisamment graves pour qu'il décide de porter plainte. En cause, une photo postée sur les réseaux sociaux par un notaire corse, en cravate, avec ce panonceau : « À vendre. Notaire furibard, 40 ans, itinérant, connaît tous les chemins de son pays. Permis de chasse pour plumes, battues, Macron, R. Ferrand. Plasticages possibles. » Une affiche qui se mêle à d'autres, dans le cadre d'une campagne de communication. Le but n'était pas de faire peur mais de faire rire. Selon le notaire Dominique Bartoli, le message est purement humoristique. Il veut dénoncer la réforme des professions réglementées contenues dans la loi Macron. « Je n'ai jamais eu l'intention de menacer qui que ce soit, et surtout pas un ministre de la République, raconte-t-il à l'époque. En réalité, c'est toute une série de cent quarante photos qui sont quasiment identiques avec des messages différents. Le mien était un petit peu décalé, étant moi-même corse. Et j'ai voulu me moquer de mes origines et des clichés sur notre île. C'est une parodie du film *L'Enquête corse*. » Pour cette photo, Me Dominique Bartoli a été convoqué au commissariat d'Ajaccio. Entendu par les policiers le jeudi 5 février, il en est ressorti libre. Quelques semaines plus tard, le procureur de la République lui infligera juste un rappel à la loi. Emmanuel Macron refusera de répondre à mes questions. « Un débat sans intérêt », rétorquera sa chargée de communication. Interrogé sur cette mésaventure, François Hollande, avec un petit sourire, lui, ne manquera pas de tancer son ministre : « Si on portait plainte chaque fois qu'on reçoit une menace, on y passerait tout notre temps. Macron manque d'expérience, c'est criant. »

Macron comme Royal en 2007 ?

Il a un côté très paternaliste, François Hollande, avec son ministre. Il le protège, fait bloc avec lui, l'invite même à des réunions de préparation à la campagne, comme ce fut le cas début avril 2016 à l'Élysée. Il pense contenir sa fougue. Le président a du mal à admettre que son poulain pourrait tenter de lui voler la vedette. François Hollande a déjà été victime du syndrome Royal. En 2006, il est premier secrétaire du PS et il pense que la candidature de Ségolène Royal à la primaire ne sera qu'une étoile filante, se voyant en recours pour prendre sa suite. C'est elle qui portera les couleurs socialistes en 2007. Avec Macron, le chef de l'État semble commettre le même péché d'orgueil. Il le laisse prendre son envol. Le lancement du mouvement En Marche ! début avril 2016, a révélé au grand jour les ambitions du ministre. Emmanuel Macron se défend de vouloir porter « une énième candidature à la présidentielle ». Il collecte des fonds uniquement pour subvenir au fonctionnement d'En Marche ! et continue à distiller les sorties polémiques. Sur la rémunération des patrons, au mois de juin, alors que le président et le Premier ministre envisagent de légiférer sur le sujet, le ministre de l'Économie estime que ce n'est pas la « bonne méthode ».

« Il sait ce qu'il me doit »

Cet électron libre agace de plus en plus ses collègues. Emmanuel Macron est partout, y compris à la messe de minuit du Vatican du 24 décembre dernier avec sa femme. « J'avais simplement demandé au chargé d'affaires d'y assister avec les personnalités. » L'ancien élève des jésuites voulait voir par curiosité. « C'est extrêmement passé », commente-t-il laconiquement.

Certains l'ont surnommé Pacman, eu égard à sa grande capacité à vouloir gober tous les dossiers, y compris ceux qui ne le concernent pas ou peu. Sur la loi numérique, Emmanuel Macron s'est écharpé avec sa secrétaire d'État en charge du dossier, Axelle Lemaire, chacun réclamant la paternité du texte. Les mauvaises langues de Bercy rapportent même que le ministre de l'Économie a tout fait pour « reporter au maximum la présentation du projet pour que celle-ci tombe pendant… le congé maternité d'Axelle Lemaire ». Lemaire obtiendra gain de cause et se battra pour pouvoir porter seule sa loi. Courroucés, donc, les membres du gouvernement. Najat Vallaud-Belkacem se souvient qu'à son arrivée, « Chaque fois qu'il prenait la parole au Conseil des ministres, tout le monde l'écoutait religieusement. Maintenant, chaque fois qu'il s'exprime, il y a un brouhaha et chacun parle avec son voisin ». Et François Hollande laisse faire. En privé, il fait mine de n'afficher aucune marque d'inquiétude alors même que son ministre cherche une porte de sortie. À celui qui se prétend ni de gauche, ni de droite, il répond que le « débat est ailleurs ». Il concède que les Français ont « une aspiration très forte à la nouveauté, mais l'espace politique du "ailleurs" est très faible ». Un espace, il est vrai, saturé par « Marine Le Pen, François Bayrou ». Les velléités de démission de son ministre de l'Économie le laissent pourtant sceptique. « Une fois sorti du gouvernement, que va faire Macron ? Il risque vite de n'être plus rien. Si l'idée qu'il se fait de la politique, c'est celle de la rencontre providentielle entre un homme et son peuple, elle est ancienne et il risque d'être déçu », glisse-t-il pourtant ces dernières semaines en privé.

Dans sa bulle, Macron ? « Emmanuel cultive la singularité, il est un objet médiatique qui s'échappe à lui-même et que, vous, journalistes, saisissez », analyse François Hollande. Pense-t-il pouvoir s'en servir au moment opportun ? Que son ministre de l'Économie puisse jouer le rôle de rabatteur ? Il acquiesce. Mais il n'est pas tout le temps aussi flegmatique. Sur France 2, il le tance sévèrement : « Emmanuel Macron doit être dans l'équipe, sous mon autorité, balance le président de la République. C'est, entre nous, non pas simplement une question de hiérarchie, il sait ce qu'il me doit, c'est une question de loyauté personnelle et politique. » À l'époque, le ministre de l'Économie encaisse sans broncher. Cette saillie hollandaise – « Il sait ce qu'il me doit » –, Macron l'a peu goûtée, selon ses amis, et il le fera payer au président quelques jours plus tard en marquant une nouvelle fois son émancipation. Dans une interview au *Dauphiné libéré*, il se dit « loyal sur le plan personnel » au président de la République, mais il estime que sa nomination par François Hollande ne fait pas de lui « son obligé ». Réplique choc et scandaleuse, dénoncent les amis du chef de l'État, qui aurait pourtant relu cette interview accordée à la presse quotidienne régionale. Un de ses conseillers à l'Élysée atteste avoir vu l'entretien dans les mails du conseiller en communication Gaspard Gantzer. « J'étais assis à côté de lui et je suis sûr d'avoir vu sur son téléphone, ouvert, le mail d'EBRA [le groupe Est-Bourgogne-Rhône-Alpes dont dépend *Le Dauphiné libéré*], assure cet homme qui n'est pas farouchement opposé à Gantzer. Soit le président en a eu connaissance, soit Gaspard corrige en douce les interviews de son copain de promo. » Soit François Hollande a chargé son conseiller de le surveiller. Gaspard Gantzer et Emmanuel Macron ont fréquenté les mêmes bancs à l'ENA. La promo Sédar Senghor se serrerait-elle les coudes ? Certains à l'Élysée et au gouvernement vont jusqu'à se demander si

Gaspard Gantzer ne serait pas un agent double. Manuel Valls en rigole même en petit comité. « Gantzer, un agent double ? Mais il ne travaille que pour une seule personne. » À Bercy, sous-entend-il, à un ami. Gaspard Gantzer s'en défend avec véhémence, assure « ne travailler que pour le président de la République, tout le temps ». Le conseiller en communication est dans le collimateur de ceux qui jalousent son influence auprès de François Hollande. L'atteindre lui, c'est aussi toucher le chef de l'État. Entre socialistes, on ne se fait pas de cadeaux.

« Le fautif, c'est Hollande, qui leur a donné de mauvais réflexes et en a fait des enfants gâtés », s'énerve un vieil ami. Une autre s'interroge : « C'est très étrange, quand même, cette indulgence de François Hollande, donc soit c'est un plan foireux, soit il se fait avoir par le petit. » Quand il se fait taper sur les doigts, le ministre de l'Économie dément toute velléité d'émancipation. Il dément « avoir levé des fonds pour financer sa campagne », il dément « une prochaine annonce de candidature à la présidentielle », ou « se lancer dans une aventure personnelle ». « Quand il fait une connerie, il va voir Hollande, rapporte un témoin d'une de ces scènes, et il lui dit : “J'ai merdé, excuse-moi.” Et l'autre gobe. » Ou fait semblant de gober ? Julien Dray est frappé de voir « Hollande ne pas oser engueuler Macron, il lui passe des trucs qu'il ne passerait pas à d'autres ». Les Hollandais ont bien senti le danger et, en coulisses, s'activent pour dire tout le mal qu'ils pensent du ministre de l'Économie. Le président laisse-t-il faire ? Le Foll, ancien bras droit au parti, aujourd'hui son porte-parole au gouvernement, le connaît mieux que quiconque : « Avec François, c'est toujours le même réflexe. Il ne veut pas brider et empêcher. » Le chef de l'État sait qu'il peut tirer profit de la popularité d'Emmanuel Macron. « Il peut parler aux gens des quartiers et aux dépolitisés », pense-t-il. Jean-Christophe Cambadélis pouffe de rire quand on lui évoque l'utilité de Macron aux yeux de Hollande. « J'ai connu des analyses plus pertinentes du président. »

Macron se voit à Marseille ou Lyon ?

Ça, c'était avant le mois de juin. Médiapart, puis *Le Canard enchaîné* révèlent que son patrimoine avait été réévalué par le fisc, l'amenant à payer l'ISF avec rétroactivité sur 2013 et 2014. Il est accueilli à Montreuil par des militants CGT à coups d'œufs. La photo de Macron, les cheveux poisseux, fait le tour des réseaux sociaux. Quelques jours plus tard, il se fait alpaguer par des militants de la CGT et leur balance ces quelques mots qui, en quelques minutes, font le buzz : « Le meilleur moyen de se payer un costard, c'est de travailler », leur assène-t-il en pleine face. « Je ne m'enerve pas, je débats calmement », prétend le ministre, qui a très mal vécu les commentaires qui ont suivi, les parallèles, notamment, avec le « Casse-toi pov' con » de Sarkozy. Et il balance, en visant certains collègues : « Il y a des ministres qui se sont fait payer leurs costumes par la République. Moi je les paie moi-même et ils ne sont pas au prix que certains disent sur Internet. »

Accusé de « mépris de classe », il le conteste formellement. « C'est injuste, ça m'indigne » que l'on puisse penser cela, poursuit l'ex-banquier. D'ailleurs, cette étiquette, il la vit très mal, notamment quand les attaques viennent de la gauche. « J'ai été banquier trois ans, tente-t-il de se défendre, ça me colle à la peau, c'est comme si j'avais une lettre écarlate marquée sur moi. »

À l'Élysée, on pense que ces derniers événements prouvent qu'Emmanuel Macron n'a pas les épaules et qu'il a explosé en vol. « Il s'est démonétisé tout seul, pense une très fidèle de François Hollande. Il pouvait nous être utile et on sait qu'avec François, quand tu n'as plus d'utilité, que tu ne le lui sers plus à rien, la sentence est rapide. » Il y a peu, Emmanuel Macron a laissé entendre en privé qu'à défaut de briguer l'Élysée et une circonscription en 2017 il viserait les municipales de 2020. Son choix s'est porté sur Marseille, qui offre à ses yeux de nombreux avantages. Tout est à reconstruire à gauche. Le maire actuel, Jean-Claude Gaudin, n'a aucune raison, et il ne s'en cache guère, de faciliter la tâche de son futur successeur. Dans la cité phocéenne, il se murmure même que l'indétrônable maire pourrait savonner la planche au futur candidat de droite. Emmanuel Macron en a eu vent et a même envisagé de lancer son mouvement de Marseille, avant d'abandonner cette éventualité, invoquant un climat social tendu. Reste que sur place, la rumeur d'un parachutage futur du ministre bruisse au Vieux-Port. Un sondage aurait même été effectué et le placerait en challenger pour la victoire dans quatre ans. D'autres pensent que Gérard Collomb, qui ne cache pas sa proximité avec l'ex-banquier, verrait d'un très bon œil qu'il lui succède à Lyon.

Devine qui vient dîner ce soir ?

En privé, il ne masque plus sa différence avec le président. Macron se voit comme un réformateur et égratigne, en visant directement le président, sans le citer, « les technologies de synthèse qui ne sont pas les mêmes que les technologies de refondation ». À Hollande, les vieilles synthèses dont il a toujours eu le secret, à Macron, l'idée d'une refondation de la politique. « François Hollande ne partage pas mon analyse car il ne fait pas partie de ce mode de pensée. Dans sa logique, il aurait bien voulu que j'adhère au PS pour le reprendre. » Selon Emmanuel Macron, le président l'aurait bien vu devenir premier secrétaire du Parti socialiste. Mais Solférino, très peu pour lui. Les deux hommes continuent à se voir, presque comme si de rien n'était.

Je t'aime, moi non plus. Ce petit jeu se poursuit immanquablement, sans que l'on en comprenne vraiment les ressorts. Le 23 mai 2016, François Hollande a été invité à dîner par Emmanuel Macron à Bercy. Autour de la table, Jean-Pierre Jouyet, l'ancienne directrice de cabinet Sylvie Hubac, l'épouse du ministre de l'Économie, Brigitte, ainsi que la compagne du chef de l'État, Julie Gayet. Enterrement de la hache de guerre et preuve de la fidélité d'Emmanuel Macron ? Ou leurre ? Le dîner a été organisé à l'initiative d'Emmanuel Macron. « Lors du dîner d'État organisé en l'honneur du couple royal des Pays-Bas à l'Élysée, à ma table, il y avait notamment François Cluzet, se rappelle le ministre. Nous avons beaucoup ri et je leur ai proposé de rendre la pareille au ministère. » Le dîner se monte rapidement. « J'ai pu me rendre compte qu'à la table du président ça n'était pas l'éclate, donc de bonne grâce je lui ai proposé de venir », poursuit-il avec un grand sourire. Ont-ils lors de ce dîner à Bercy évoqué la démarche en cours ? « Jamais », jure-t-il.

Mais qui se doute que c'est dans le quartier branchouille de Saint-Germain-des-Prés, en plein cœur de Paris, qu'au cours d'un autre repas, quelques jours plus tôt, d'autres ont manifesté ouvertement leur intention de voir Macron se lancer dans la course à l'Élysée ? *La Société*, ce restaurant huppé et son entrée fort discrète qui n'annonce guère ce qui se passe à l'intérieur. En ce début du mois de mai 2016, une table devise. Brigitte Macron déjeune avec un ami. En plein milieu de leur tête-à-tête surgit, telle la foudre, celle qui a fait trembler la République. Valérie Trierweiler. Elle fonce droit sur l'épouse d'Emmanuel Macron, l'embrasse chaleureusement. Ses voisins de table ne ratent rien de la scène. « Il faut absolument qu'Emmanuel y aille. » Comprenez : se lance dans la course à l'Élysée. Brigitte Macron réplique instantanément : « Oui, il faut qu'il y aille, c'est maintenant. » Les deux femmes concluent leur échange en faisant un selfie devant des clients éberlués.

13

On r'met ça ?

Une petite blague circule sous le manteau entre socialistes. À l'Élysée, on prépare discrètement la prochaine campagne de François Hollande. Nom de code : Opération H. C'est devenu un secret de Polichinelle. Lui-même n'en fait plus mystère. « Le candidat sort de mon corps », plaisante François Hollande en privé. Il trépigne d'impatience et n'arrive plus à masquer son idée de retourner dans l'arène. Surtout que la primaire réunissant uniquement les partis au gouvernement est taillée sur mesure. Une certitude. Il ira. Quand ? C'est la dernière inconnue. Il a jusqu'au 15 décembre pour se déclarer. Sachant que le premier tour de la primaire « gouvernementale » se déroulera le 22 janvier. Coïncidence du destin. Elle se tiendra cinq ans jour pour jour après le discours du Bourget. « Tout est prévu », me confie François Hollande.

En repartant au combat, il deviendra aussi le premier président sortant à se déclarer aussi tôt. Historiquement les présidents sortants annoncent leur intention de se lancer dans la course à la présidentielle moins de trois mois avant le premier tour. Pour les Premiers ministres sortants, c'est sensiblement la même chose. En 1988, François Mitterrand s'est déclaré le 22 mars, un mois seulement avant le premier tour. Cette fois, François Hollande ne marchera pas dans ses pas. S'il y va, ses amis lui déconseillent de se porter candidat avant le 27 novembre, date du second tour de la primaire de la droite. Juppé, « le seul candidat qui a connu l'Union soviétique, persifle Bernard Poignant, l'ancien maire de Quimper, puisqu'il occupait le poste de ministre du Budget en 1986 », ou Sarkozy, voire Fillon, pourquoi pas Le Maire ? Sa campagne dépendra de celui qu'il aura en face. « Il faudra donner un sens à la candidature », poursuit le même. Les deux présidents réélus (Mitterrand et Chirac) l'ont été car ils étaient des présidents d'opposition, en pleine cohabitation, critiquant vertement leur Premier ministre d'un autre bord politique. Les deux non réélus, Giscard d'Estaing et Sarkozy, ont, eux, assumé leur politique.

Pour autant, François Hollande n'ira que s'il se sait assuré de franchir le premier tour, selon Robert Zarader. « Le pire jour de sa vie, il l'a vécu par procuration le 21 avril 2002, avec l'élimination de la gauche au premier tour, il ne voudra pas remettre cela, *a fortiori* en étant président. » « Je suis sûr qu'il veut y aller, assure de son côté

Julien Dray. Mais je ne sais pas s'il se lancera s'il sent qu'il emmène son camp vers la défaite. » Emmanuel Macron surenchérit : « Je crois bien le connaître, il aime la chose politique. Je crois qu'il y a une part de lui qui pourrait lui imposer de ne pas y aller. C'est quelqu'un qui ne fera pas un choix de cette gravité pour des raisons narcissiques. Il le fera en conscience. » Ces doutes, ses amis les ont eus avant l'annonce de la primaire par Jean-Christophe Cambadélis le 17 juin, prenant tout le monde de court. Même Manuel Valls n'avait pas été mis dans la confidence. Le premier secrétaire et le président ont manœuvré en coulisses pour concocter une primaire censée arranger le chef de l'État sortant. Presque comme au bon vieux temps des bureaux nationaux. François Hollande est arrivé à une conclusion très simple : « Si tu ne gagnes pas une primaire de la gauche, ça ne sert à rien de tenter ta chance à la présidentielle. » Les Hollandais, en premier lieu Stéphane Le Foll, n'étaient pas chauds à l'idée d'une primaire pour le président sortant et laissaient entendre que sa qualité de candidat naturel le dispensait de repasser par cette case. « À partir du moment où Mélenchon a dit non à une primaire de toute la gauche, il a flingué tout le système, défend le porte-parole du gouvernement et ami fidèle du président. Une primaire de gouvernement, c'est beaucoup d'énergie pour un simple choix socialiste. » Un autre ténor de la majorité, pas franchement hollandais, lui, pousse des cris d'orfraie au nom du « respect de nos institutions. Que va-t-il faire dans cette galère ? Il va débattre avec Sylvia Pinel [pour le PRG], François de Rugy [pour Écologie] et Marie-Noëlle Lienemann ? Quelle déchéance ! ». L'ancienne journaliste Françoise Degois, aujourd'hui communicante et conseillère politique, abonde dans son sens : « Imaginez qu'Hidalgo soit candidate. Hollande table sur le fait que le parti est légitimiste. Les partisans de la primaire pensent encore que le président est resté patron du parti. » Un premier secrétaire de la République. Comme toujours, il s'agit de rechercher le plus petit dénominateur commun. Quand il prend la direction du PS, en 1997, Lionel Jospin trouve le plus petit dénominateur pour lui, il se maintient à la tête du parti, grâce à ses synthèses. Même chose quand Hollande remporte la primaire, après le crash de DSK. « Là, il va être obligé de se dépasser, d'aller au-delà de lui-même », pronostique Françoise Degois.

Mais le président de la République s'est fait une raison et, comme souvent, a décidé seul dans son coin : « Finalement, cette primaire, ça m'arrange ! Elle va me permettre de me relancer fin février 2017, confie-t-il à ses conseillers quelques jours après l'annonce, montrant une grande détermination et certainement pas de crainte, selon un des témoins, à l'idée d'affronter ses anciens ministres Benoît Hamon ou Arnaud Montebourg. Si je n'arrive pas à battre Montebourg ou Hamon, comment pourrais-je espérer battre Juppé ou Sarkozy ? »

« On ne gère pas la France comme les courants du PS »

Benoît Hamon, l'ex-ministre de l'Éducation nationale, envisageait de déclarer sa candidature mi-juillet mais l'attentat de Nice l'a contraint, par décence, à retarder cette annonce. Arnaud Montebourg l'ex-ministre du Redressement productif, parti dans le privé, ne cache plus lui non plus ses intentions. « J'ai repris le sport », balance, hilare, l'ancien troisième homme de la primaire. Surtout, l'« appétit et le désir de politique sont revenus ». Montebourg s'apprête à se lancer dans la bataille. Le 21 août, sur ses terres, à Frangy-en-Bresse, il a prévu pour la deuxième fois de déclarer sa candidature à la présidentielle. En passant par la primaire. « Sauf, dit le socialiste, si le Parti socialiste dirigé par Jean-Christophe Cambadélis, qui roule pour Hollande, trafique et triche, je serai candidat devant les Français. » Et il y croit. « Je vais prendre Hollande, prendre Sarkozy et enfin prendre Le Pen. » Dans l'ordre. « Mes chances sont minces, concède Montebourg, mais elles ne sont pas nulles. » Battre à la primaire celui qu'il avait soutenu et fait roi, Arnaud Montebourg se lance là un nouveau défi. En forme de revanche. « C'est un clin d'œil de l'histoire, reconnaît Jean-Christophe Cambadélis, Le compromis entre ces deux personnalités qui ont fait alliance jusqu'en 2014 va se dénouer certainement dans le second tour de la primaire en 2017. » Et Arnaud Montebourg n'a pas prévu de retenir ses coups contre le président. « La gauche doit retrouver ses valeurs et son honneur. On ne gère pas la France comme les courants du PS. » Sa ligne de conduite ? « Être socialiste, en reprenant ce qu'il a abandonné. J'ai monté une start-up politique, je veux en faire une licorne[1]. » Se méfie-t-il du flair d'un président malin et prêt à tout pour rester cinq ans de plus ? « Être malin et astucieux, ça n'a jamais fait un bon président de la République. »

Attention. Un des talents avérés du chef de l'État, c'est de savoir faire le vide autour de lui. Nicolas Hulot n'ira pas. C'est officiel. Une épine en moins dans le pied car l'ex-présentateur d'*Ushuaïa* constituait un danger, un attrape-électeur de gauche en puissance. Mais il a préféré renoncer. Certains, dans son entourage, s'étaient

1. Une licorne est une start-up valorisée à plus de un milliard de dollars.

inquiétés de la réputation de séducteur l'entourant. D'autres imaginaient les folles rumeurs que pourraient faire circuler ses adversaires politiques, notamment à l'Élysée[1].

Un autre danger pourrait sortir du bois. Même si elle s'en défend. Désormais reine des dîners en ville, Christiane Taubira garde toujours une grande bienveillance vis-à-vis de François Hollande. « S'il est candidat à la primaire, je le soutiendrai. S'il ne l'est pas, je me lancerai », raconte celle qui en 2002 avait conduit, selon bon nombre de socialistes, à l'élimination de Lionel Jospin au premier tour de la présidentielle en se présentant. Et en cas de candidature de Montebourg, pourtant réputé proche de l'ancienne garde des Sceaux, elle le soutiendra ? « Quand on lui a posé cette question, elle a fait la moue », raconte un de ses convives. Moue désapprobatrice.

C'est ses amis proches qui militent pour qu'elle prenne la tête de la liste de gauche contestataire. Benoît Hamon et Jérôme Guedj croient en une candidature de Taubira à la primaire. Fin juin, un dîner a réuni l'ancien ministre de l'Éducation Benoît Hamon, l'ex-garde des Sceaux Christiane Taubira, l'ancienne ministre du Logement Cécile Duflot et le secrétaire national du Parti communiste Pierre Laurent. Ce rendez-vous privé a

1. « Nicolas Hulot renonce », Médiapart, 7 juillet 2016.

été initié par l'humoriste Christophe Alévêque. « Pas un complot, mais un dîner très politique », raconte l'un des invités. Pour la petite histoire, ce dîner n'avait pas vocation à fuiter. Celui qui a raconté son existence, c'est Jean-Luc Mélenchon. Le candidat déclaré à la présidentielle était convié également. « Il a dit oui puis non, puis a boudé en disant qu'il n'aimait pas les dîners people, ensuite il a essayé de le faire annuler. Et maintenant il le raconte pour essayer de faire échouer notre initiative », décrypte le même.

« Le soir où vous êtes élu, pensez à la prochaine élection »

Quelles sont les chances de voir émerger une liste de gauche alternative et unitaire pour contrer le président de la République ? Pour l'instant, ce dernier se frotte les mains. La guerre des ego dans le camp d'en face nuit à l'émergence d'un adversaire sérieux. François Hollande observe sans bouger tous les candidats potentiels qui pourraient, à terme, espère-t-il, s'entretuer et lui laisser la voie libre.

Pour autant, dans l'ombre, le président et ses amis ne ménagent pas leur peine. Lui, contrairement à ce qu'on pense, n'a pas décidé au dernier moment, au mois de juin, de se lancer dans la primaire. Son choix est mûrement réfléchi.

Comme le disait un de ses maîtres à penser, dans les pas duquel il a soigneusement marché tout au long de ses années à l'Élysée, à savoir François Mitterrand : « Le soir où vous êtes élu, pensez à la prochaine élection. » La question de sa candidature, pour cinq ans de plus, ne s'est pas posée longtemps. En revanche, celle d'une participation à la primaire était plus délicate.

Dès le début de l'année, au moment de l'appel lancé dans *Libération* pour une primaire à gauche, François Hollande en petit comité est persuadé d'une chose. « Si ça marche, ça s'imposera à moi. » Alors, au moment où se joue le remaniement, le chef de l'État l'a déjà en tête et il va composer son gouvernement en fonction. Le 12 février, lendemain du dévoilement de la nouvelle liste gouvernementale, annoncée sur Twitter, les unes de la presse sont très critiques. Très peu spectaculaire, François Hollande rappelle Jean-Marc Ayrault et fait rentrer des écologistes qui ont rompu avec EELV. « Le remaniement en trompe-l'œil », titre *Le Figaro*. Frédérique Espagnac prévient : « À première vue, il ne faut jamais le sous-estimer surtout quand ce qu'il fait semble incompréhensible. » Effectivement, à y regarder de plus près, cette semaine-là, le chef de l'État a commencé, sans le dire, à jouer cartes sur table. À sa façon, il acte l'idée d'une primaire. Si, pour certains, elle n'a pas de sens, pour d'autres, la manœuvre est nette.

Premièrement – il ressemble en cela beaucoup à François Mitterrand –, il rétablit des équilibres territoriaux. Le retour de Jean-Marc Ayrault. Le maintien de Jean-Yves Le Drian. Respectivement des élus de Loire-Atlantique et de Bretagne, deux places fortes du PS. Et l'entrée de Jean-Michel Baylet, patron incontesté du Sud-Ouest. François Hollande a conservé ses réflexes d'ancien premier secrétaire, connaissant sur le bout des doigts sa carte électorale et essayant de composer avec tous les éléments de sa majorité. En effet, à côté de ses équilibres territoriaux, lors de ce remaniement, Hollande réussit aussi à restabiliser sa base électorale, en ramenant des élus qui ont été à ses côtés lors de la primaire de 2011. Manuel Valls n'y a vu que du feu, « trop occupé, selon une amie du président, à essayer début février de sauver sa tête ». En faisant rentrer les écolos mis au ban d'Europe Écologie-Les Verts, il fait même d'une pierre deux coups. Cécile Duflot dénonce une « tentative d'assassinat de l'écologie libre par le président de la République ». Ce dernier est fier de sa prise de guerre : Emmanuelle Cosse, qu'il a réussi à enrôler dans son gouvernement début 2016. L'actuelle ministre du Logement qui, pourtant, n'avait précédemment jamais caché son aversion pour la ligne économique du PS. Elle qui, selon un de ses anciens amis écolos, confiait au début des années 2000, alors que les Verts faisaient partie intégrante de la gauche plurielle : « Vous êtes alliés à un parti qui représente la porte ouverte au fascisme. » Quinze ans plus tard, elle a visiblement changé d'avis.

« S'il gagne, c'est sa ligne qui l'emporte. Nous, on fait quoi ? »

Cette candidature à la primaire risque de désarçonner la gauche du parti. Certes, son avantage, c'est de trancher enfin les deux lignes qui ont cohabité tout au long de ce quinquennat (la social-démocratie voire le social-libéralisme contre une ligne qui se veut « vraiment à gauche », dixit les frondeurs). Ce sera une primaire de clarification. Malheur au vaincu. « On est bien emmerdés, avoue l'ex-député Jérôme Guedj. Car l'offre à gauche est inexistante, Hollande nous met donc le pistolet sur la tempe. » Et surtout, en cas de victoire, quelle serait la ligne à suivre pour ceux qui, tout au long du quinquennat, n'ont eu de cesse qu'ils ne dénoncent la politique libérale du gouvernement ? « S'il gagne, c'est sa ligne qui l'emporte. Nous, on fait quoi ? »

Toutes ces données, le président les a intégrées. Lui dont le mode de pensée se résume à : « Je les battrai tous à la fin. » Quelques semaines après le remaniement, il accélère. Le 2 avril 2016, il organise ce que certains ont appelé le premier « séminaire » de campagne électorale à l'Élysée. Il a choisi personnellement ses invités : deux ministres, Ségolène Royal et Emmanuel Macron, son ami Julien Dray, son conseiller politique, Vincent Feltesse, et son chargé de com, Gaspard Gantzer, l'ancien ministre de l'Intérieur, Daniel Vaillant, pressenti pour devenir le trésorier de sa future campagne. Brillent par leur absence ? Les Hollandais historiques. Officiellement, Stéphane Le Foll n'a pas pu se libérer. Officieusement, François Hollande a rayé son nom au dernier moment, pour donner une petite leçon à son ami, qui ces dernières semaines, tempêtait en privé contre le président. Gaspard Gantzer dément qu'il s'agissait d'une réunion préparatoire à la campagne. « Il s'agissait d'une présentation de l'état de l'opinion à la suite d'une étude publiée par le CEVIPOF et *Le Monde.* » Mais alors, pourquoi Daniel Vaillant était-il présent ? Là, le conseiller en communication du président patauge et explique poliment que « les deux hommes se connaissent de longue date ». Une des personnes présentes, citée plus haut mais qui a requis l'anonymat, confirme que « du début à la fin, il n'a été question que de la présidentielle et rien d'autre ».

À l'Élysée, la gêne est manifeste. Affirmer que le président prépare sa campagne activement n'est pas en soi problématique. Qu'il le fasse au sein même du palais le devient. Surtout quand des conseillers officiels du président de la République assistent à une telle réunion, cela peut *a posteriori* entraîner des complications. Notamment au niveau des comptes de campagne. Depuis le 1er avril, la campagne préélectorale a débuté. La commission chargée de superviser les comptes de campagne des candidats à la présidentielle pourra donc considérer l'an prochain que ce séminaire peut être intégré dans les comptes du candidat Hollande, notamment… les salaires des conseillers qui, avec les deniers publics, ne sont pas censés participer à l'organisation de Hollande 2017. Le lundi 4 au matin, dans un papier pour France Inter, j'explique le pétrin dans lequel s'est mis le président en organisant une telle réunion. Dans la matinée je me rends dans une entreprise à Boulogne-Billancourt, pour couvrir le déplacement présidentiel. À la toute fin, alors que le chef de l'État discute avec des jeunes salariés, il me foudroie du regard, se dirige vers moi et, devant confrères et consœurs, me lance sèchement : « Vous entendez des voix, vous, maintenant ? » avant de tourner les talons et retourner voir ses hôtes, sans que je comprenne véritablement le sens de cette phrase.

Justement, le rapport que le président entretient avec la presse est très ambigu. Certains le soupçonnent même de vouloir, à un an de la présidentielle, reprendre le contrôle sur des rédactions, dites amies. Une chose est sûre. François Hollande, je l'ai dit, adore la presse. Dernièrement, son cheval de bataille, c'est la chaîne publique d'info, la CPI. Quand il rencontre un journaliste de France Télévisions ou Radio France, il ne peut s'empêcher de demander : « Alors ça avance bien, ce projet CPI ? » De là à croire que le président est interventionniste ? Aude Lancelin, l'ex-numéro deux de *L'Obs*, a fait ce pas. Évincée en mai 2016 de l'hebdomadaire, elle qualifie ce licenciement de « purge politique ». Très remontée, particulièrement affectée, Aude Lancelin prétend détenir des « preuves » que l'actionnariat du groupe est intervenu dans cette affaire. Une source anonyme au journal *Le Monde* confirme qu'il y a bien eu un accord entre Claude Perdriel et François Hollande, mais il ne concernait pas Aude Lancelin : « Le président a dissuadé Perdriel en octobre 2015 de revendre ses parts, comme il envisageait de le faire, et de rester au capital de *L'Obs*. » Rien de plus ? Lancelin n'y croit pas. Parmi les principales causes de son départ, Aude Lancelin évoque la volonté d'avoir « souhaité ouvrir la ligne de *L'Obs* ». Les pages « Débats », dont elle était à la tête, laissent en effet libre expression à de nombreux intellectuels venant de différents bords politique, et donc logiquement à la gauche de la gauche. Ce qui semblerait en déranger certains. À la ville, Aude Lancelin est la compagne de Frédéric

Lordon, un des inspirateurs du mouvement Nuit Debout. Une relation de cause à effet ? Elle en est certaine. « Xavier Niel a dealé ça en tête à tête avec François Hollande », croit-elle savoir *via* une source interne au palais. À l'Élysée, on récuse formellement ces attaques. « Grotesque et diffamant, juge Gaspard Gantzer. Le président ne s'intéresse pas à la vie des rédactions. » Non, à en croire ses amis.

L'affaire iTélé est tout aussi significative. Pendant quatre jours, les salariés de la chaîne d'information propriété du groupe Canal + ont fait le piquet de grève pour dénoncer les suppressions de postes (environ un quart des effectifs de la rédaction) et la stratégie de son propriétaire, Vincent Bolloré. « Son but, c'est de détruire iTélé ou nous vendre », raconte un salarié de la chaîne. Les journalistes, eux, s'étonnent que l'Élysée n'ait pas levé le petit doigt. Surtout, ils ont eu écho qu'en 2002, au moment de la fronde des employés de Canal + contre Jean-Marie Messier, alors propriétaire du groupe, François Hollande avait soutenu avec acharnement les salariés. « C'est à ce moment-là d'ailleurs qu'il a rencontré Nathalie Iannetta, qui faisait partie des frondeurs à l'époque », raconte une journaliste de iTélé. Quatorze ans plus tard, rien. « Pas un mot de l'Élysée, pas un mot des politiques de gauche pour nous soutenir », s'insurge la même. Étonnant, voire contradictoire avec la promptitude du président à observer de près la vie des médias.

En marge d'un meeting du PS, début juillet, je croise Stéphane Le Foll, avec qui je dois faire une interview. Une collègue d'iTélé nous demande d'attendre, le temps d'aller chercher sa caméra. Je demande au porte-parole du gouvernement de patienter quelques instants. « Ils arrivent. En plus, avec ce qu'a vécu iTélé cette semaine, on ne peut que les soutenir », lui dis-je. La réponse de Le Foll fuse instantanément : « Moi, je soutiens Bolloré, je soutiens les emplois en Bretagne. » Humour ? Ça n'en a pas l'air, alors, de quoi s'agit-il ? Peut-être un aveu que le pouvoir privilégie ses bons rapports avec le chef d'entreprise breton, qui a injecté des dizaines de millions d'euros dans son site d'Ergué-Gabéric, près de Quimper, où sont fabriquées notamment les voitures électriques Bluecar, et qui emploie des centaines de salariés dans la région ? Au sein de la chaîne d'info, on en est certain. « La ligne de l'Élysée, c'est pas touche à Bolloré. » Quelques semaines plus tôt, déjà, lors d'un déjeuner au ministère de la Culture, devant des journalistes éberlués, le directeur de cabinet d'Audrey Azoulay, Frédéric Lenica, avait lâché : « iTélé va mourir. »

Le lobby politique breton a montré tout au long de ce quinquennat sa force de frappe et son pouvoir d'influence. Des ministres de premier rang en sont originaires, le ministre de la Défense, Jean-Yves Le Drian, le ministre de l'Agriculture, Stéphane Le Foll, et celui arrivé il y a peu à la justice, Jean-Jacques Urvoas, mais également le conseiller à l'Élysée qui souffle à l'oreille du président, Bernard Poignant, ami revendiqué... de Vincent Bolloré. L'ex-maire de Quimper a présenté l'industriel à François Hollande. C'était, se souvient-il, « le 8 mars 2007, en pleine campagne présidentielle de Ségolène ». À l'Élysée, prend-on soin de lui pour ne pas trop braquer l'homme qui emploie près de 70 000 personnes dans le monde, dont des milliers en France ? Une source proche du président confirme que « François Hollande et Jean-Pierre Jouyet suivent les affaires de Bolloré chez Vivendi de très près ». La même de préciser : « Bolloré est un patriote industriel français. »

« Un cadavre à la renverse »

Tout se met donc en place. Depuis de longs mois. Le président est tout droit orienté vers sa réélection. D'ailleurs peut-il l'emporter ? Tout est possible. Quelques mois avant une présidentielle, les scénarios les plus fous doivent être envisagés. Souvenez-vous de DSK, un an avant la précédente présidentielle. Oui, François Hollande peut encore l'emporter, grâce toujours à cette stratégie du plus petit dénominateur commun. Dans un an, en 2017, si c'était le cas, ce ne serait pas par un vote d'adhésion, il part de trop loin, mais un concours de circonstances pourrait lui profiter. Ce qui est sûr, c'est que le président ne veut pas sortir de l'histoire par la petite porte. Cet affront, il l'a déjà vécu une fois. Les solférinologues les plus expérimentés se rappellent tous le congrès de Reims en 2008. Le PS est fracturé par sa faute. « Un cadavre à la renverse », titrera un éditorialiste. Ce congrès est un symbole marquant. Il pleuvait ce dimanche midi. Déjà. François Hollande s'exfiltre, discrètement, sans faire de bruit, par une issue de secours. Derrière lui, une poignée de fidèles. Et si l'aventure à l'Élysée se terminait ainsi ? Comme du temps où il était premier secrétaire… du Parti socialiste.

Table

Composition et mise en pages
par Nord Compo à Villeneuve-d'Ascq

PAPIER À BASE DE
FIBRES CERTIFIÉES

Fayard s'engage pour l'environnement en réduisant l'empreinte carbone de ses livres. Celle de cet exemplaire est de :
0,300 kg éq. CO_2
Rendez-vous sur
www.fayard-durable.fr

Impression réalisée en France par
CPI
en août 2016

N° d'impression : 3018774
36-4435-8/01